Profeta Vinícius Iracet

Profeta das
VISÕES

2020

Sumário

Prefácio

As visões dadas por Deus são realmente uma dádiva, reconhecemos que quando não conhecemos a Cristo, temos uma percepção do mundo espiritual, na maioria das vezes, de experiências malígnas. Entretanto, quando aceitamos Jesus como nosso Salvador passamos a ter visões espirituais dadas por Deus. As visões são mistérios revelados aos santos, e também são uma testificação da presença divina de Deus em nossas vidas.

Quando Deus nos concede olhos espirituais para visões da realidade divina, somos privilegiados em saber que Deus fala conosco.

"Então disse Yahweh: "Ouvi, pois, as minhas palavras: Quando há entre vós profetas, Eu, o Eterno, me faço conhecer a eles por meio de visões, e falo com eles em sonhos."
(Números 12:6)

O profeta Vinícius e eu somos cristãos que creem em visões espirituais, creem no sobrenatural e que também já vimos Deus cumprindo, de fato, visões anteriormente dadas a nós. E quando o Senhor nos mostra algo por intermédio de visões, podemos descansar, porque sabemos que fiel é Aquele que promete!

"Deus não é homem, para que minta; nem filho do homem, para que se arrependa; porventura diria ele, e não o faria? Ou falaria, e não o confirmaria?"

(Números 23:19)

A visão espiritual também é um sinal de que estamos conectados ao Senhor Jesus, quanto mais buscamos a presença de Deus, quanto mais há santificação, mais adentramos na vontade perfeita de Deus, por meio de visões e direções do Espírito.

Neste livro você poderá imergir nas profundezas do Espírito e descobrir que os propósitos de Deus ultrapassam as barreiras físicas e transcendem a todo e qualquer entendimento humano.

"ROGO-VOS, pois, irmãos, pela compaixão de Deus, que apresenteis os vossos corpos em sacrifício vivo, santo e agradável a Deus, que é o vosso culto racional. E não sede conformados com este mundo, mas sede transformados pela renovação do vosso entendimento, para que experimenteis qual seja a boa, agradável, e perfeita vontade de Deus."
(Romanos 12:1-2)

As visões da parte de Deus sempre acompanharam nossa vida pessoal e ministerial, com direções determinantes para nossa vida, e podem levar você também a um nível maior de fé e intimidade com Deus.

Att. *Profeta Ariane Iracet*

Dedicatória

Ao Espírito Santo, minha fonte de inspiração, a quem amo de todo meu coração e que tem me ensinado diariamente a amar Jesus Cristo com intensidade. À minha querida esposa Ariane e a meus filhos pela compreensão e auxílio diário para que eu possa cumprir o propósito de Deus.
Também dedico aos meus fiéis amigos que trabalham comigo.
Estou profundamente agradecido a equipe de excelência que o Senhor me confiou.

1
O Sobrenatural de Deus

"Salvação sobre a qual inquiriram os profetas e a buscaram diligentemente os que profetizaram sobre a graça que viria sobre vós."

(1 Pedro 1:10)

Antes de mais nada, devemos compreender que o nosso Deus deseja que o conheçamos em sua plenitude. Nossa geração está vivendo numa época em que o conhecimento aumentou de forma absurda. A ciência está fazendo novas descobertas e tecnologias inovadoras estão chegando a nós todos os dias. Quando imaginaríamos ver carros híbridos, celulares com tão alta tecnologia (que você pode usar até para pagar suas contas), computadores que você acessa com sua digital? É tudo muito impressionante.

Alguns anos atrás os pentecostais eram perseguidos pelo falar em línguas. Hoje vemos uma grande quantidade de pessoas batizadas no Espírito Santo e muitas igrejas novas surgindo. Também vemos uma tremenda efusão do Espírito em dons espirituais e conhecimento revelado. Nunca tivemos tantos livros e ministrações em vídeo como nos dias atuais, sobre todos os temas relacionados à fé e à vida cristã. Mas com toda sinceridade, sinto no meu espírito que a igreja tem perdido muito do que o Senhor tem para ela.

Igreja almática

Vemos uma igreja almática. Vemos líderes abafando os dons e o mover de Deus na igreja e na vida das pessoas. A igreja se distanciou muito do seu padrão inicial. Não falo da liturgia da igreja, mas da demonstração de poder que é necessário para as pessoas se converterem.

"O Reino dos céus é ainda como uma rede que é lançada ao mar e apanha toda sorte de peixes. Quando está cheia, os pescadores a puxam para a praia. Então se assentam e juntam os peixes bons em cestos, mas jogam fora os ruins."
(Mateus 13:47-48)

Sabemos que muitas pessoas vêm à igreja. Gente de todo tipo e com vários tipos de bloqueios de alma chegam até a casa do Pai e cremos que serão tocadas de alguma forma. No entanto, tenho entendido que para alguns é necessário ver e sentir o poder sobrenatural do evangelho, caso contrário não crerão. A igreja não pode "gastar cartucho" como eu digo, pois haverá pessoas que entrarão uma única vez na igreja e se naquele dia não for pregado o evangelho de poder, talvez elas nunca mais retornem.

Afinal de contas a culpa é de quem se aquela alma não se converter? Do pecador, que não foi sensível o suficiente para render seu coração ao Salvador, ou da igreja, por pregar a letra e não a demonstração de poder?

"Então, Jesus lhe disse: Se não virdes sinais e milagres, não crereis. Disse-lhe o oficial: Senhor, desce, antes que meu filho morra. Disse-lhe Jesus: Vai, o teu filho vive. E o homem creu na palavra que Jesus lhe disse e foi-se."
(João 4:48-50)

Febre do ouro

Noto que o desleixo da igreja em buscar o sobrenatural é dado ao preço exigido para se ter a unção. Não é todo mundo que quer buscar e perscrutar os mistérios de Deus. O ouro não está na superfície, ele precisa ser garimpado e o processo é repetitivo e demorado. Há poucos com a "febre do ouro" hoje em dia, se você me entende. Não vemos aqueles que, de alguma forma, já estão estabilizados no ministério com muita gana pelos dons de Deus e por Seu poder de milagres.

O espírito religioso age desta maneira nas pessoas, elas não vão e não deixam ninguém passar. Quantos pastores estão impedindo esta geração de ter mais de Deus? Ouço frequentemente isso, pessoas sedentas por serem ativadas, mas por obediência pedem a benção de seus pastores para receber mais em um evento e ouvem um redondo ***não***. Detalhe, não é por cuidado com aquela alma, é porque não conseguem ver além do seu umbigo. A consequência disso é um grande número de pessoas paralisadas em seu chamado e propósito.

A pergunta é: Por que Jesus fez questão de mostrar aos discípulos de João o que Ele estava fazendo? Por que Jesus não fez um relato informativo? Por que Ele teve que mostrar, ou melhor, manifestar, Seu poder?

"Depois que terminou de instruir seus doze discípulos, Jesus saiu para ensinar e pregar nas cidades da Galiléia. João, ao ouvir na prisão o que Cristo estava fazendo, enviou seus discípulos para lhe perguntarem: "És tu aquele que haveria de vir ou devemos esperar algum outro?" Jesus respondeu: "Voltem e anunciem a João o que vocês estão ouvindo e vendo: os cegos vêem, os mancos andam, os leprosos[b] *são purificados, os surdos ouvem, os mortos são ressuscitados, e as boas novas são pregadas aos pobres; e feliz é aquele que não se escandaliza por minha causa".*

(Mateus 11:1-6)

Quando os discípulos de João Batista relatam ao Senhor a sua dúvida, Jesus responde sem grosseria, desprezo, ou julgamento, porque esse é o Espírito de Jesus, manso, amável e carregado de paciência com as pessoas. Ele sabia que a intenção de João era boa, **Deus não rejeita alguém que está em busca da verdade**.

Para muitos é difícil crer sem milagres

Jesus nunca quis ser um mistério para o seu povo, mas os religiosos entraram em cena e começaram a colocar todo tipo de fardo em cima das pessoas, tornando o caminho ao sobrenatural quase impossível, pois além de exigir um alto padrão de santidade das pessoas, eles fecharam a porta para as manifestações e só permitiram as manifestações aprovadas pelo seu conceito humano e que encaixava no seu contexto. Suprimiram tanto as operações de Deus que inibiram o povo até de falar em línguas. Colocaram regras humanas na liberdade do Espírito Santo.

Ouvi um homem contando para um pastor um sonho que teve, que ele julgava profético, e o pastor, sem papas na língua, disse a ele que era tudo da cabeça dele e que ele não deveria dar crédito a nada daquilo. Desconfio que vivemos dias em que satanás está tentando ocultar o conhecimento da revelação do poder de Deus. Acredito até que alguns pastores não querem ver a ação do Espírito, por receio do que o Senhor irá mover e revelar se isto acontecer. Precisamos dar uma liberdade maior para o Senhor, ou melhor, liberdade total para o Espírito Santo e suas manifestações.

Testemunhos:

"Testemunho Joseane Santana via Facebook"

Eu tenho um testemunho através do profeta. Eu estava desviada e sem forças para buscar a Deus. Sou missionária, mas passei por um vale muito grande e acabei desviando e um dia comecei a ouvir as *Lives* no *YouTube* através do jejum sem fermento. Deus me levantou e estou novamente na obra de Deus. Sou muito grata a Deus.

"Testemunho Anne Peres via Facebook"

Eu fui curada durante uma *Live* de uma dor no estômago na hora da oração. Eu estava com uma forte dor no estômago o dia todo, não podia nem andar, estava deitada na hora do vídeo. Deus lhe revelou que alguém sentia dor no estômago, você orou por mim repreendendo toda dor e eu recebi, fui curada na hora para glória de Deus.

"Testemunho Ellen Sheila via Facebook"

Eu tive minha primeira experiência com você pastor da seguinte forma: estava com meu coração aflito, principalmente porque meu filho estava passando mal, febril e com dores, depois de ter orado por ele, fui procurar na TV uma palavra de conforto e orei a Deus. Neste minuto vi um profeta que interpretava sonhos como Daniel, achei interessante. Um ministério profético. Me chamou atenção e enquanto você falava, parou em um minuto e falou que iria orar por uma pessoa assim...assim... Falou tudo que se passava com meu filho e então te acompanhei na oração, chamei um esposo para ouvir e disse é para ele, nosso filho. Foi tremendo, ele foi curado na mesma hora.

"Testemunho Elizabete Cristina via Facebook"

Paz do Senhor pastor, dia 11 de maio Deus revelou a uma irmã que eu estava com uma hérnia de disco, e Deus através da sua oração me curou, Deus é grande na sua vida, o Senhor está fazendo uma grande obra, e que Deus continue lhe abençoando, era muita dor, estou livre para a honra e glória de Deus. Continue orando por mim Deus sabe de tudo.

"Testemunho Mariclei Feliciano via Instagram"

Sempre vejo seus vídeos e consegui interpretar um sonho, que estavam roubando minha moto, orei por livramento como o senhor ensina, e hoje Jesus livrou meu esposo de um grave acidente. Deus revelou e me deu a direção. Agradeço a Deus por sua vida.

2
Compreendendo o Propósito por Trás de Cada Visão

"E, depois disso, derramarei do meu Espírito sobre todos os povos. Os seus filhos e as suas filhas profetizarão, os velhos terão sonhos, ***os jovens terão visões.****"*
(Joel 2:28)

A visão é uma das maneiras que **Deus usa para se revelar a uma pessoa**. Estou certo de que quando Deus quer imprimir em alguém uma marca do seu Espírito e uma forte lembrança da sua manifestação, as visões são dadas.

Frequentemente, as visões são vinculadas a alguma promessa feita por Deus a uma pessoa, podendo estar ligada a um chamado ou ministério que Deus tem para ela. Também pode ser referente a uma capacitação ou habilidade dada naquele momento.

Toda visão vem de Deus?

Certamente, nem todas as visões vem de Deus, há visões que Deus permite que tenhamos, mas que não significam que sejam Dele. Há pessoas que nem crentes são e que têm visões de olhos abertos de coisas espirituais. Além do mundo natural e visível, existe o mundo espiritual, tão grande quanto o natural.

Neste momento você e eu estamos em meio a uma guerra. É uma batalha espiritual travada no mundo espiritual, na qual lutamos contra demônios. Não tem como escolhermos não lutar, visto estarmos inseridos no meio deste campo espiritual. É uma guerra! O diabo nos odeia e ele está, diariamente, trabalhando e fazendo horas extras, tentando garantir que acabemos cedendo à carne. A legalidade espiritual só existe no momento que a sua carne fraqueja.

"pois a nossa luta não é contra pessoas, mas contra os poderes e autoridades, contra os dominadores deste mundo de trevas, contra as forças espirituais do mal nas regiões celestiais."
(Efésios 6:12)

Como posso saber se a visão é de Deus?

"Pois a visão aguarda um tempo designado; ela fala do fim e não falhará. Ainda que demore, espere-a; porque ela certamente virá e não se atrasará."
(Habacuque 2:3)

Tudo que vem de Deus é magnífico e impactante e nunca será contrário a Sua palavra. Sempre contribuirá para seu crescimento espiritual e pode lhe direcionar a algo novo do plano e propósito divino. As pessoas precisam entender que Deus não trabalha com casualidades ou coincidências. Tudo, absolutamente, tem um propósito.

No Salmo 139, por exemplo, o salmista Davi escreve:

"Os teus olhos viram o meu embrião; todos os dias determinados para mim foram escritos no teu livro antes de qualquer deles existir".
(Salmo 139:16)

Não existe vida sem propósito. Se algum dia você pensou que está aqui por descuido de Deus, ou descuido de alguém e que sua vida é um erro, delete isso da sua alma agora!!! Você está aqui por um propósito, um plano muito bem elaborado antes mesmo de você dar o seu primeiro choro.

Quando o Apóstolo Paulo esteve pregando em Atenas, também falou sobre a soberania de Deus e Seu controle absoluto sobre o cosmos. O apóstolo explica que Deus é quem dá *"a vida a todos, e a respiração, e todas as coisas"*; Ele fez o homem para habitar sobre a terra e determinou *"os tempos já dantes ordenados; e os limites da sua habitação"* (Atos 17:26).

O próprio Senhor Jesus diz:

"Não se vendem dois pardais por uma moeda? Contudo, nenhum deles cai no chão sem o consentimento do Pai de vocês. Até mesmo os cabelos da cabeça de vocês estão todos contados".
(Mateus 10:29,30)

Ou seja, Deus não dá ponto sem nó, se Ele dá uma visão espiritual a alguém, existe algo que está sendo comunicado.

Não acredito em visões dadas por Deus que são esquecidas ou que não são claras. Mesmo que você demore a entendê-las elas ficam fundidas em você. Deus já me revelou muitas coisas em visões que demorei a entender. Algumas delas levei anos para compreender na totalidade.

"Antes, Deus fala uma e duas vezes; porém ninguém atenta para isso. Em sonho ou em visão de noite, quando cai sono profundo sobre os homens, e adormecem na cama. então, abre os ouvidos dos homens, e lhes sela a sua instrução,"
(Jó 33:14-16)

"Falei aos profetas e multipliquei as visões; pela boca dos profetas falei em comparações."
(Oséias 12:10)

Deus pode dar visões a todos, mas aos profetas ele concede mais visões. A Bíblia nos fala que Ele multiplica as visões e eu descobri por que: Como os profetas são tradutores de Deus e eles estão em busca de obedecer, como mensageiros, o que o Senhor entrega a eles, as visões da mesma forma são direções proféticas e prenúncios proféticos a respeito de algo ou alguém.

Cristãos Mar Morto

Os profetas reconhecem o propósito por trás daquelas imagens, não as tratam levianamente e não são apenas contabilizadas, mas traduzidas e repassadas ao seu destino. Um profeta verdadeiro não fica com a palavra para si, a visão de Deus é discernida e levada adiante. Se você já teve uma visão, é testemunha dos oráculos do céu e não pode retê-la para você mesmo. Tudo que vem de Deus deve ser compartilhado, pois, no devido tempo, se cumprirá. Muitos param de ter visões porque as retêm apenas no seu coração: são crentes "mar morto".

Esse tipo de cristão assemelha-se ao Mar da Morte ou Mar Morto, que fica no sul de Israel. Tem tanto sal nestas águas que nada pode sobreviver. O famoso Mar Morto só tem entrada, "só recebe", mas nenhuma saída, "não libera". Ele recebe as águas do Rio Jordão, um rio cheio de vida marinha, mas ao chegar ao Mar Morto, tudo morre. Por isso não existe qualquer vida dentro do lago ou nas suas margens.

É extremamente perigoso apenas receber coisas de Deus e não transferi-las para ninguém. Eis a chave, o porquê de muitos não desenvolveram seus ministérios e por quê não tiveram mais visões espirituais: não reproduziram o que o Senhor confiou por meio de dons ou visões.

A falta de propósito é um problema para tudo. Nosso Deus é inteligente e para Ele tudo deve ter serventia. **Talvez você tenha parado de ter visões por não ter interpretado o que o Senhor mostrou a você.** Tudo que o Senhor nos revela deve ser dado máxima relevância.

Eu não acredito em alguém que diz ter tido uma visão espiritual das coisas de Deus e não teve uma mudança significativa em seu comportamento, com as pessoas ao seu redor. Diz ter visto a glória de Deus em visão, mas permanece mesquinho e egocêntrico? Não cola!!! **A Glória transforma.**

"Mas todos nós, com rosto descoberto, refletindo como um espelho a glória do Senhor, somos transformados de glória em glória na mesma imagem, como pelo Espírito do Senhor."
(2 Coríntios 3:18)

Um jovem que levou muito a sério a visão que recebeu do Senhor:

Evan Roberts tinha acabado de começar a cursar o seminário quando teve uma visão na qual Deus o chamava para voltar à sua pequena cidade e pregar para os jovens da sua igreja. Este jovem se tornou responsável por essa visão. Roberts já tivera outras experiências com Deus e estava convencido que Ele estava prestes a derramar um poderoso avivamento sobre o país de Gales.

Há tempos em que as visões não são comuns. Mesmo assim, podemos imaginar que não foi fácil para ele voltar para casa depois de apenas quinze dias no seminário. Mas, na noite de domingo, 30 de outubro de 1904, durante o culto, Roberts teve uma visão dos seus amigos de infância e entendia que Deus estava falando para ele voltar para casa e pregar a eles.

No dia seguinte, Evan Roberts reuniu os jovens da igreja e começou a passar a sua visão para o avivamento. Ele ensinou ao povo uma oração simples: "Envia o Espírito Santo agora, em nome de Jesus Cristo".

Os cultos continuavam todos os dias e o fogo do avivamento começou a espalhar-se pela região. Deste pequeno começo, um grande avivamento começou a varrer o norte do país de Gales. Evan Roberts tinha apenas vinte e seis anos de idade quando irrompeu o avivamento.

O avivamento resultou na conversão de muitos jovens, que logo se empenharam na obra de evangelização. Crianças também foram usadas poderosamente no avivamento, ganhando muitas almas para Jesus. Novos convertidos lideravam grandes reuniões de oração e estudos bíblicos.

Durante o avivamento os cultos continuavam quase sem parar, e a presença de Deus foi manifesta de uma forma especial. Grandes congregações, de até milhares de pessoas, foram movidas pelo Espírito a "cair aos pés simultaneamente para adorar em uníssono"; às vezes a glória do Senhor brilhava dos púlpitos com uma luz tão forte que "os evangelistas ou pastores fugiam dela para não serem completamente arrebatados".

Os efeitos do avivamento estenderam-se muito além dos cultos e reuniões de oração. Os bares e cinemas fecharam, as livrarias evangélicas venderam todos os seus estoques de Bíblias. O avivamento tornou-se manchete nos principais jornais do país. A presença de Deus "parecia ser universal e inevitável", invadindo não somente as igrejas e reuniões de oração, mas se manifestando também "nas ruas, nos trens, nos lares e nas tavernas".

"Em muitos casos, os fregueses entravam nas tavernas, pediam bebidas e depois davam meia-volta e saíam, deixando-as intocadas no balcão. O sentimento da presença de Deus era tal que praticamente paralisava o braço que ia levar o copo à boca".

Tudo isso aconteceu porque alguém levou a cabo a missão recebida em uma visão espiritual dada por Deus. Imagine se Evan tivesse pensado que aquela visão era da sua mente? Milhares perderiam este lindo mover do Espírito. O sangue daquelas almas o Senhor requereria deste rapaz, se ele não tivesse crido.

Quanta responsabilidade temos ao ver os desenhos de Deus. Quantos em nossa geração também ignoraram chamados de Deus que lhe foram revelados, pessoas que chegaram aos seus líderes e disseram: "*Deus falou comigo em sonho!!! Deus me deu uma visão!!!* ", mas foram boicotados pelo espírito de religiosidade que não crê no sobrenatural.

Neste tempo o evangelho pleno está sendo restaurado por meio da nossa geração. Jesus salva, mas cura também. **Entende isso?**

Testemunhos:

"Testemunho Eva Peres via YouTube"

Pastor, sofri muito alguns meses estava com ansiedade emocional muito ruim não conseguia controlar, mas agora para a honra e glória estou curada.

"Testemunho Gescilia Alves via Instagram"

Pastor, outro dia o senhor interrompeu a *Live* e perguntou quem estava com dor na coluna para descrever nomes e eu vinha sofrendo a anos, estava na fila de cirurgia. O senhor orou e pediu para colocar a mão na coluna, orou para nós e nunca mais senti dor na coluna novamente. Graças a Deus, como o pastor disse que ia ter testemunho, está aqui o meu em o nome de Jesus com muita fé e alegria.

"Testemunho Michele Teles via Instagram"

Fui tocada pelo Espírito Santo, não pude assistir a *Live* ao vivo, mas fui batizada no Espírito Santo enquanto assistia mais tarde... Glória a Deus.

"Testemunho Keylle Aparecida Silva dos Santos via Instagram"

Graça e paz! Eu e minha filha Lara Cristina fomos curadas da coluna, nervo ciático, dores no corpo e na alma. Glória a Deus! Aleluias!

"Testemunho Micheli Barra via Instagram"

Pastor, fui curada de palpitações no coração depois que comecei a assistir suas *Lives*, ressaltando que conheci o Senhor há quinze dias e não deixo de assistir. Glorifico ao Senhor pela sua vida!!

"Testemunho Maria de Jesus via Instagram"

Pastor eu estava muito desanimada, mas quando eu comecei a ver seus vídeos eu me animei, estou indo a igreja, voltei a orar, ler a Bíblia. Glória a Deus, pois amo fazer a obra do Senhor.

3
Visão que tive da santidade marcante de Deus

Eu cuidava, todas as tardes, de uma loja de roupas que tínhamos ao lado de casa. Pela manhã eu estudava e à tarde trabalhava nessa loja. Algumas vezes dava um intervalo e eu pegava o livro de Benny Hinn *"Bom Dia Espírito Santo"*, logo que fora lançado no Brasil, para me deliciar. Estava bem no comecinho da minha vida com Deus, então estava a 300km/h, ansioso por uma aparição do Senhor. E realmente aquele livro me emocionava por demais a cada parte que lia. Lembro-me que de trechos em trechos eu parava de ler e orava ao Senhor, dizendo a Ele que eu também queria ter aquela experiência sobrenatural com o Espírito Santo.

Numa bela tarde, logo após minha conversão, ao sair da loja e entrar na nossa casa, vi com meus olhos um manto vermelho cor de sangue, manto como dos Reis. Foi algo tão forte que me travei na porta da sala, e comecei a chamar pela minha prima Emylin, pensando que era uma criança que cruzara da sala para o escritório do meu pai. Só que o manto que vi estava sobre alguém de mais de 2 metros de altura, e me pergunto: *Como na hora pensei ser uma criança?*

Naquela tarde, Deus havia preparado todo o cenário, não havia ninguém em casa naquele dia, apenas eu e Deus. Entrei muito rápido no escritório e rapidamente comecei a procurar pela criança, só que a peça era pequena e eu lembro do que havia lá dentro. (Fecho meus olhos e consigo ver o porta-arquivos, a mesa, a cadeira, e absolutamente mais nada.) Pensei, onde está a criança que vi entrar aqui?

Naquele exato momento senti a presença do Espírito Santo, soube dentro de mim que era Ele. Então me ajoelhei e ergui minhas duas mãos para o alto, e disse: *"Se és tu Espírito Santo, toca-me!"*. Foi aí que senti uma eletricidade que me cercou por inteiro e fiquei por alguns minutos envolvido por aquele cobertor elétrico. Esperei passar todo aquele formigamento para então me levantar. Por anos me questionei do porquê eu pensar que era uma criança. Mais tarde vim a descobrir, por revelação, que a criança foi a santidade de Deus que senti passar por mim e que, realmente, aquele manto era do Senhor.

Pela visão do profeta Isaías podemos ter um vislumbre do que os anjos cantam e também como eles se sentem quando estão ante a presença de Deus. Deus me concedeu aquela visão, mas também colocou um temor em mim que até hoje me arrepia só de pensar na seriedade e zelo que preciso ter como profeta.

"No ano em que morreu o rei Uzias, eu vi também o Senhor assentado sobre um alto e sublime trono; e o seu séquito enchia o templo. Serafins estavam por cima dele; cada um tinha seis asas; com duas cobriam os seus rostos, e com duas cobriam os seus pés, e

com duas voavam. E clamavam uns aos outros, dizendo: Santo, Santo, Santo é o SENHOR dos Exércitos; toda a terra está cheia da sua glória. E os umbrais das portas se moveram à voz do que clamava, e a casa se encheu de fumaça. Então disse eu: Ai de mim! Pois estou perdido; porque sou um homem de lábios impuros, e habito no meio de um povo de impuros lábios; os meus olhos viram o Rei, o SENHOR dos Exércitos. Porém um dos serafins voou para mim, trazendo na sua mão uma brasa viva, que tirara do altar com uma tenaz; E com a brasa tocou a minha boca, e disse: Eis que isto tocou os teus lábios; e a tua iniquidade foi tirada, e expiado o teu pecado. Depois disto ouvi a voz do Senhor, que dizia:
A quem enviarei, e quem há de ir por nós? Então disse eu: Eis-me aqui, envia-me a mim."
(Isaías 6:4-8)

O profeta Isaías teve um grande chamado de Deus para levar a mensagem celestial a Seu povo. Contam as Escrituras que no ano da morte do Rei de Judá, Uzias, o profeta Isaías vê o Senhor assentado em um alto e sublime trono. As orlas de Suas vestes cobriam aquele lugar, o Templo do Senhor. Isaías viu anjos que voavam e que cobriam, do alto a baixo, a presença do Senhor. O profeta pensou que ia morrer ao ver tudo aquilo.

Comigo não foi assim, não senti que iria morrer, mas fiquei marcado de uma forma que você não tem noção. Dos meus quinze anos, que foi a época da visão, até meu casamento não consegui viver uma vida torta, e até hoje estou marcado. Alguns dizem que não conseguem mais pecar em paz depois que se convertem, eu não consigo nem pensar em pecar, pois já começo a pedir perdão. Eu falho bastante, sou homem imperfeito, mas pecar conscientemente não é comigo. Fui marcado naquela visão e nem sabia.

Se antes de me converter eu não conseguia fazer as mesmas coisas que os outros faziam, depois é que não consegui mesmo. Uma visão de Deus não é apenas de uma contemplação visual, é uma contemplação em Glória, que lhe transforma, lhe marca, lhe acessa no profundo.

"Mas todos nós, com rosto descoberto, refletindo como um espelho a glória do Senhor, somos transformados de glória em glória na mesma imagem, como pelo Espírito do Senhor."
(2 Coríntios 3:18)

Porém, o que muitas pessoas não entendem, principalmente no tempo que estamos vivendo, é que o chamado profético não era e não é ter um cargo eclesiástico ou simplesmente possuir carteirinha de profeta. O chamado profético exigia e exige, acima de tudo, uma vida santa. O PADRÃO DE JESUS NÃO MUDOU, ATÉ DIGO MAIS, NA GRAÇA A RESPONSABILIDADE É MAIOR.

Hoje muitos se intitulam "profetas de Deus", "vasos do Papai", mas poucos estão dispostos a renunciar uma vida de pecado e prostituição pelo chamado de Deus. Poucos estão dispostos a ser purificados no seu modo de pensar, de agir ou de falar.

Isaías conhecia aqueles que governavam sua nação, bem como aqueles que religiosamente comandavam o culto a Deus. O Profeta tinha uma palavra sobre si: arrependimento. Deus mostrara todo aquele ambiente divino e primeiro tratara com Ele, para depois tratar com Seu povo.

Através disso, podemos deduzir que o chamado de Isaías envolveu renúncia, pois como poderia ele falar as palavras de condenação e de exortação do seu povo idólatra se fosse conivente com seus atos? De pregações 'moral de cueca' o povo já está cansado. Já ouvi muitos pastores dizendo que o povo é duro de coração, mas o povo é duro porque muitas vezes não vê exemplo daqueles que estão no altar.

A Glória de Deus mostra nossa fragilidade!

Dizem as Escrituras que quando o profeta viu a Glória de Deus, foi convencido da sua fragilidade e limitação, dizendo:

"Ai de mim, estou perdido, pois sou um homem de lábios impuros e vivo no meio de um povo de impuros lábios". E os meus olhos viram o Rei , o Senhor dos Exércitos."
(Isaías 6:5)

Este *Ai* nos faz imaginar o que se passou na parte interna do profeta, pois ninguém diz *Ai*, independente da cultura, se não estiver sentindo alguma coisa ruim ou desconfortável. Preste atenção no discurso impopular de Jesus:

"Quem come a minha carne e bebe o meu sangue tem a vida eterna, e eu o ressuscitarei no último dia.
Porque a minha carne verdadeiramente é comida, e o meu sangue verdadeiramente é bebida.
Quem come a minha carne e bebe o meu sangue permanece em mim e eu nele.
Assim como o Pai, que vive, me enviou, e eu vivo pelo Pai, assim, quem de mim se alimenta, também viverá por mim.
Este é o pão que desceu do céu; não é o caso de vossos pais, que comeram o maná e morreram; quem comer este pão viverá para sempre.
Ele disse estas coisas na sinagoga, ensinando em Cafarnaum.
Muitos, pois, dos seus discípulos, ouvindo isto, disseram: Duro é este discurso; quem o pode ouvir?
Sabendo, pois, Jesus em si mesmo que os seus discípulos murmuravam disto, disse-lhes: Isto escandaliza-vos?"
(João 6:54-61)

Quando os discípulos disseram: *"Duro é este discurso; quem o pode ouvir?"*, eles na verdade queriam dizer: "Este discurso é insuportável", pois a expressão traduzida por "duro" é *"sklerós""*, que pode significar algo exigente, violento, difícil, árduo de se aceitar. A pregação de Jesus nunca foi aceita pela maioria das pessoas, porque expressava verdades que não as interessavam.

De nada adianta sermos considerados profetas pelos homens se diante Dele e da Sua Santa presença continuamos a ser transgressores. As visões precisam ministrar mais a você que as recebe, do que àqueles que ouvem você. Foi após ter sido tocado e perdoado por Deus que Isaías ouve a voz de Deus, dizendo:

"A quem enviarei e quem há de vir por nós?"
(Isaías 6:8)

A grande chamada veio apenas após a santificação. Não espere voar alto, sem se arrepender e carregar uma marca genuína de Deus sobre você. Com isso entendemos que quando "verdadeiramente" somos perdoados e marcados pelo Senhor estamos de fato legitimados para toda boa obra.

Testemunhos:

"Testemunho Hozana Monteiro Araujo via e-mail"

Paz de Cristo profeta Vinicius. Desde que fiz a primeira *Escola de Profetas* minha vida espiritual mudou de maneira extraordinária. Escrevi meu primeiro livro e tudo tem me surpreendido. Depois da Escola de São Paulo Deus tem aberto portas extraordinárias no meu ministério profético. Deus tem me direcionado para um ministério profético com mulheres. Tenho recebido muitos testemunhos de mulheres que estavam travadas espiritualmente por carregarem culpas e feridas de relacionamentos fora do contexto bíblico.

A minha experiência nos sete anos de vergonha não me destruiu, e hoje Deus usa para que outras mulheres sejam curadas e libertas como eu fui, (aleluia!). Em março estarei na Europa, recebi o convite para apresentar meu livro em alguns eventos. Estarei precisamente na Suíça, Áustria, Alemanha, Londres e Portugal. Ore por mim para Deus abrir portas. Tenho mergulhado nesse ministério profético, mas estou com pé no chão. A única cosia que me deslumbra é a presença de Deus. Obrigada por deixar Deus lhe usar de maneira soberana para destravar meu ministério profético. Se um dia precisar de mim, eis-me aqui. Abraço no amor do Pai. Lembranças a amada pastora Ariane. Shalom!

"Testemunho Luciane Gomes via Facebook"

Foi benção demais participar da *Escola de Profetas* de São Paulo. Eu saí muito encorajada a dar novos passos, rumo ao chamado. Senti o amor de Jesus através da vida do pastor e também vi a Glória de Deus naquele lugar. Deus abençoe mais e mais a família e ministério de vocês.

4
Visão aberta e Visão interna

As duas categorias básicas de visões são: visão aberta e visão interna.

A visão aberta é aquela que parece tão real quanto qualquer coisa ao seu redor e que você enxerga com seus olhos abertos. As visitas dos anjos podem se enquadrar nessa categoria. Você pode "ver" dentro da dimensão em que os anjos habitam. Muitas pessoas testemunharam a aparição de anjos na igreja. Existem inúmeros relatos no mundo inteiro da aparição de anjos. Gideão vê o anjo literalmente, e não apenas o vê, mas conversa com ele como um homem conversa com outro.

"Então, o Anjo do Senhor veio e assentou-se debaixo do carvalho que está em Ofra, que pertencia a Joás, abiezrita; e Gideão, seu filho, estava malhando o trigo no lagar, para o salvar dos midianitas. Então, o Anjo do Senhor lhe apareceu e lhe disse: O Senhor é contigo, varão valoroso."
(Juízes 6:11-12)

"Certo dia, por volta das três horas da tarde, ele teve uma visão. Viu claramente um anjo de Deus que se aproximava dele e dizia: "Cornélio! "

Atemorizado, Cornélio olhou para ele e perguntou: "Que é, Senhor? " O anjo respondeu: "Suas orações e esmolas subiram como oferta memorial diante de Deus.

Agora, mande alguns homens a Jope para trazerem um certo Simão, também conhecido como Pedro,
que está hospedado na casa de Simão, o curtidor de couro, que fica perto do mar".
Depois que o anjo que lhe falou se foi, Cornélio chamou dois dos seus servos e um soldado piedoso dentre os seus auxiliares,
e, contando-lhes tudo o que tinha acontecido, enviou-os a Jope."
(Atos 10:3-8)

Cornélio viu claramente, em uma visão, que um anjo de Deus entrou onde ele estava e o chamou pelo nome. Notemos que certos anjos são como mensageiros de Deus. Enviados para dar direções e também comunicar avisos de Dele. É interessante notar que, embora Cornélio fosse um homem piedoso a Deus, ele não era cristão. Creio que Deus fala em visão com o ímpio também. Creio que nestes últimos dias o Senhor concederá visões a muitos ímpios para que creiam no nome do Senhor.

Quando estávamos em nossa *Escola de Profetas* em Belo Horizonte, vi muitos anjos de Deus naquele lugar. Anjos altos de cerca de 3 metros de altura. Quando os vejo não consigo ver seus rostos, mas vejo muita luz e o formato de homens, só que maiores. Também já estive em cultos em que o Senhor me concedeu visões de anjos no lugar e fora do lugar.

Eu creio que o Senhor mostra em visão muitas coisas. Visão não é algo que deve ser forçado por nós, mas que é dado à medida que almejamos e estamos abertos ao sobrenatural de Deus.

Fiquei impressionado com o testemunho abaixo, pois anos atrás creio que também me cruzei com um anjo, como é relatado. Um acidente de carro trouxe uma experiência surreal a esta mulher e eu creio no que ela relata, pois vivi muitas experiências com "pessoas" que simplesmente desapareceram da minha vida em alguns segundos. Seu testemunho tem sido espalhado pelo mundo todo através do livro *Angels in The Fire* ("Anjos no fogo", em tradução livre).

No testemunho, Tracey Stadler conta que ela e o marido estiveram muito próximos da morte no dia em que seu carro foi atingido por um motorista embriagado. Enquanto estavam presos nos destroços, eles tiveram alguns instantes de luta pela sobrevivência e, em algumas trocas de olhares, confessavam o desespero diante da morte iminente.

A escritora contou à rede de TV CBN que sentia o cheiro a fumaça do couro que revestia o interior do carro em chamas, além da própria pele queimando. Motoristas de outros carros pararam para ajudar, e num esforço coletivo, conseguiram quebrar o vidro dianteiro e ter acesso ao local onde estava seu marido, Dann.

Enquanto ele era resgatado, Tracey chegou à conclusão de que morreria: *"Eu sabia que eu ia começar a arder muito em breve, porque eu não conseguia respirar. Eu podia sentir meus pulmões queimando. Eu pensei: 'É isso. Estou indo embora'. E assim eu orava. Eu disse palavras que nunca imaginaria que estavam em minha mente. Eu disse: 'Pai, eu oro para que me perdoe pelos meus pecados. Você disse que tem muitas mansões no céu e eu oro que tenha uma para mim', e disse: 'Por favor, não me deixe queimar até a morte'. E então eu olhei para cima e lá estava ele"*, afirmou a escritora, referindo-se ao anjo.

"Quando digo 'ele', é porque era uma pessoa que eu sabia que não era deste mundo. Ele era uma pessoa enviada pelos céus de uma forma angelical. E nesse ponto ele simplesmente me levantou e eu fui com ele. Ele me puxou para fora e começamos a ficar mais longe do local do acidente. Nesse ponto, eu sei que eu deixei o meu corpo. Ele me disse que eu poderia olhar para trás, se eu quisesse, mas eu não queria. E quanto mais tomávamos distância do local do acidente, mais paz eu sentia. E o amor? O amor não pode ser explicado; somos muito limitados em nossas palavras. Ele não poderia ser explicado em termos humanos. Não havia dor, sem remorso, só expectativa. A única coisa que importava era a minha relação com Cristo. E eu senti como se estivesse nos braços de Deus, do próprio Jesus Cristo", testemunhou Tracey.

Durante o encontro angelical da escritora, ela afirmou que em determinado momento chegou à conclusão de que precisava voltar para criar sua filha:

"Eu sabia que eu ia ver a face de Deus. Eu sabia. Mas eu não podia deixar que Megan crescesse sozinha. E começamos a descer, e isso foi apenas o oposto de subir. Foi difícil. Estava frio. Foi rápido, e era doloroso voltar", revelou.

Ela contou ainda que ao retornar ao seu corpo quebrado e queimado, ouviu a equipe de resgate comentar que tinham visto um homem sair do mato e ir até o carro. Seu marido, Dann, confirmou o relato: *"E eles o viram chegar cada vez mais perto do carro e ele parecia ter um brilho sobre si. E ao mesmo tempo, havia um outro homem que estava por trás de tudo isso acontecendo. Este homem estava orando fervorosamente pelo nosso resgate e nossa recuperação.* Segundo ele, quando o anjo apareceu, ele estava de joelhos porque sentiu o poder de cura de Jesus Cristo de forma tão intensa que simplesmente foi dominado. Uma das equipes de resgate foi capaz de libertar Tracey, e foi aí que ele disse que ela parecia leve como uma pluma. *Ela apareceu apenas essencialmente a direita em suas mãos. Quando o anjo estava lá, ele se inclinou sobre ela, e ele colocou as mãos sobre o rosto"*, relatou Dann, reproduzindo o depoimento do homem que presenciou o resgate e intercedeu por suas vidas.

Tracey revela que o anjo se dirigiu a ela para tranquilizá-la: *"Ele tirou as mãos e eu sabia que ele estava me curando. E ele disse, 'Tracey, tudo vai ficar bem'. Ele me curou"*, contou a escritora.

Dann acrescentou que depois de tirarem sua esposa do carro, o anjo o disse: *"Cuide de Tracey"*, e fez uma observação: *"Ninguém sabia os nossos nomes nesse momento. A bolsa de Tracey estava no carro queimado. Ela foi retirada inconsciente do carro. Eu não tinha falado o nome dela, Tracey não tinha falado o nome dela, então para ele saber o nome dela, ele só poderia ter sido enviado do céu"*.

Em resumo, a escritora afirma que hoje reconhece o fato de que *"Deus está conosco todos os dias, através de tudo; nas mínimas coisas, Ele está lá"*.

Visões são geradoras de fé

"E apascentava Moisés o rebanho de Jetro, seu sogro, sacerdote em Midiã; e levou o rebanho atrás do deserto, e chegou ao monte de Deus, a Horebe.
E apareceu-lhe o anjo do Senhor em uma chama de fogo do meio duma sarça; e olhou, e eis que a sarça ardia no fogo, e a sarça não se consumia.
E Moisés disse: Agora me virarei para lá, e verei esta grande visão, porque a sarça não se queima.
E vendo o Senhor que se virava para ver, bradou Deus a ele do meio da sarça, e disse: Moisés, Moisés. Respondeu ele: Eis-me aqui.
E disse: Não te chegues para cá; tira os sapatos de teus pés; porque o lugar em que tu estás é terra santa.
Disse mais: Eu sou o Deus de teu pai, o Deus de Abraão, o Deus de Isaque, e o Deus de Jacó. E Moisés encobriu o seu rosto, porque temeu olhar para Deus".
(Êxodo 3:1-6)

A visão aberta que Moisés teve foi uma manifestação divina que produziu temor e fé incomum neste homem. Moisés era procurado no Egito, se ele retornasse poderia ser executado. A fé que foi gerada em Moisés foi maior que o medo. Ele passou a temer mais a Deus do que a Faraó. Um homem pode enfrentar um país se estiver debaixo de uma fé sobrenatural. A igreja só não anda em um nível de fé mais avançado porque lhe foram cerceadas as manifestações que geram fé a ela.

As visões tem um papel maior que podemos conceber em nossa limitação humana. Visões estão empoderadas de graça divina. Quando alguém tem visões, está também recebendo daquela visão. Uma visão não comunica apenas imagens. Moisés recebeu instruções, temor e poder de Deus na visão. Precisamos viver pela fé e não há dúvidas disso, porém, as visões são agentes motrizes de um andar sobrenatural para tarefas especiais.

Dom da visão?

Algumas pessoas pedem que eu ministre a elas o dom da visão, no entanto, este dom não existe. A visão aberta não é um dom, é uma capacitação que a pessoa recebe. Ninguém por si só possui interação com o mundo espiritual. Essa pessoa é habilitada por um governo espiritual, ou da luz, ou das trevas.

Tenho comigo que quase todas as visões proféticas são um ato da soberana vontade de Deus em descortinar o mundo invisível. Também estou convicto que algumas pessoas receberam graça para acessarem certo nível de visão, de revelação, que flui em suas vidas frequentemente, como propósito dentro do ministério profético.

Tenho visões frequentes ao ler comentários das pessoas e sonhos. Também tenho muitas visões enquanto oro pelas pessoas. É como se algo sumisse à frente das minhas vistas e contemplo as coisas do Espírito. Mais tarde irei falar sobre como isso ocorre.

Em algumas visões você consegue olhar ao redor, em outras não e creio que são permissões e soberania de Deus dentro das visões. O porquê não sei, mas garanto a você que já tive visões que foram focais e o Senhor não me permitia olhar ao redor.

No início do nosso ministério estávamos todos reunidos na sala da nossa casa em busca de um nome para o ministério. Damos as mãos e começamos a pedir ao Senhor uma direção Dele para o nome do ministério. Foi aí que tive uma visão interna, mas muito poderosa: com meus olhos fechados vi uma grande multidão em um estádio de futebol adorando o Senhor, todos estavam muito felizes e fulgurantes, eu olhava ao redor e via milhares de pessoas naquele lugar.

Nesta visão eu conseguia dar *zoom* literalmente do alto daquele lugar para a plataforma muito grande cheia de pessoas. Visualizei algumas pessoas que estavam lá, mas o que me chamou a atenção foi a enorme quantidade de balões azuis com letras amarelas por todo aquele lugar, onde se lia o nome que veio a se tornar IGREJA EVANGÉLICA JESUS PARA AS NAÇÕES.

Sei que a placa não salva, todavia, este é o nome deste ministério aqui na Terra, faz parte de sua identidade e é profético para o tempo terreno que vivemos. Hoje já estamos vendo o cumprimento parcial desta visão: Estamos de fato levando o nome de Jesus para às nações da Terra.

Visões marcantes

"Tenho-vos dito isto, estando convosco. Mas aquele Consolador, o Espírito Santo, que o Pai enviará em meu nome, esse vos ensinará todas as coisas, e vos fará lembrar de tudo quanto vos tenho dito."
(João 14:25-26)

Ainda falando sobre o que se pode olhar ou não em uma visão, recebi uma visitação do Senhor, certa vez, em que vi um ser de branco que caminhava comigo e me instruía, mas por mais que eu tentasse olhar para o lado não conseguia, mas sentia Ele falando comigo. Não o ouvia, mas sabia que estava sendo instruído. Num dado momento vi suas vestes laterais e seus pés, tudo reluzia, um branco fortíssimo, como se eu estivesse olhando uma lâmpada branca, com formato de roupas e pés. Foi muito forte esta visão por isso me marcou.

Em minha concepção, as visões internas são mais fortes e profundas do que as vistas com olhos abertos. Entendo que é uma dimensão maior e não menor. Você é inserido em um cenário espiritual que o Senhor preparou ou para onde lhe leva.

Testemunhos:

"Testemunho Fabi Jefferson via Facebook"

Quem nunca esteve numa *Escola de Profetas* não pode perder essa grande oportunidade de destravar sua vida espiritual! Participei da escola de profetas no Rio de Janeiro, é algo sobrenatural, acredite. A atmosfera é diferente, você se sente diferente e sai dali outra pessoa. Hoje pessoas me procuram, me pedindo ajuda e orientação espiritual. Esse destravar recebi na Escola através dos profetas usados pelo Espírito Santo. O fogo não se apagará!!!!

"Testemunho Veronica Menezes via Instagram"

A Escola de Profetas mudou minha vida! Quem não foi ainda, vai, seu eu pudesse iria em todas.

"Testemunho mourao480 via Instagram"

Paz profeta! Já fazia muito tempo que eu pedia a Deus uma palavra de direcionamento para minha vida. E ontem o senhor falou para meu marido Edmundo e foi tremendo, pois é exatamente o que está acontecendo com ele. Deus abençoe sua vida.

5
Visão da cobra preta trazendo medo às nações

Deus tem me dado a graça de ter muitas visões. Esse dom é um dos carros-chefes no meu ministério. Dias atrás, orando a Deus, o Senhor me deu a seguinte visão:

Eu vi como se fosse um Globo cheio de países. Entretanto, os países estavam todos em uma linha horizontal, um ao lado do outro. De repente, surgiu nessa visão uma cobra, preta, grande, na verdade, gigante e violenta. Toda preta, em toda a sua extensão. Aquela cobra mergulhava dentro dos países, entrava por um e saía por outro país. É como se fosse uma minhoca grande que entrava na terra, atravessava o país e saía por baixo, entrando em seguida no próximo país. Fazia esse movimento ziguezague em vários lugares.

Fiquei olhando aquilo por alguns instantes para ver se havia outras cobras, mas percebi que era somente aquela grande cobra, que entrava em uma nação e saía por outra, com movimentos similares a uma minhoca. Quando eu era pequeno brincava muito com minhocas na terra e sempre observava o movimento delas em abrir buracos na terra e essa cobra, que vi nessa visão, fazia exatamente como aquela que minha lembrança traz da infância.

Eu perguntei para Deus o significava essa cobra, pois essa visão chamou muito a minha atenção. O Espírito Santo me disse: *Essa cobra se chama medo e ela está fazendo um estrago em muitos lugares.* O Senhor me falou também que esse medo é algo perturbador e está assolando as pessoas. Além disso, está deixando um caminho, um caminho espiritual para que outras coisas possam entrar e afligir aquelas nações. Ou seja, é um preparo de terra, como a minhoca faz. Assim, essa cobra estava preparando lugares e países.

Na visão que tive a Terra era um Globo, mas os países estavam todos em linha reta e isso é impossível em se tratando do Globo. Ou seja, não podemos enxergar a totalidade dos países do Globo, mas apenas uma parte deles. Entretanto na minha visão eu via o Globo, mas, ao mesmo tempo, os países nessa linha reta como sendo costurados pela cobra.

Eu creio que é necessário cortarmos a cabeça dessa cobra. Nós precisamos interromper o medo. O medo dá muita legalidade espiritual, para coisas espirituais agirem. Enquanto as pessoas permanecerem com medo, vivendo debaixo do medo, da opressão, estarão dando poder, legalidade, para o mal agir contra elas. Isso é muito forte.

É esse o tempo de nós cortarmos a cabeça dessa cobra, expulsando o espírito do medo de lugares e regiões espirituais. É o momento de nós nos levantarmos espiritualmente contra esse espírito do medo, pois ele tem assolado muitos lugares. Há nações que estão amedrontadas. O Brasil também está sofrendo com isso. As pessoas estão amedrontadas, preocupadas, mas precisamos ouvir o que a Bíblia diz, pois a nossa luta não é somente humana, mas espiritual, a nossa guerra é espiritual. Portanto, precisamos combater com armas espirituais.

"Porque as armas da nossa milícia não são carnais, mas sim poderosas em Deus para destruição das fortalezas;"
(2 Coríntios 10:4)

"Busquei ao Senhor, e ele me respondeu; livrou-me de todos os meus temores."
(Salmos 34:4)

O povo precisa buscar mais a Deus para perder o medo. Em Isaías 41:10 lemos:

"Não temas, porque eu sou contigo; não te assombres, porque eu sou teu Deus; eu te fortaleço, e te ajudo, e te sustento com a destra da minha justiça."
(Isaías 41:10)

Sabemos da existência do espírito do medo, mas a Bíblia diz "Não temas, pois eu estou contigo." Que todos nós possamos nos posicionar no mapa que se chama mundo, com fé de que o Senhor nos deu poder e autoridade para pisar serpentes, para pisar cobras. Deus nos deu poder para isso:

"Eis que vos dou poder para pisar serpentes, e escorpiões, e toda a força do Inimigo, e nada vos fará dano algum."

(Lucas 10:19)

Nós temos esse poder, essa autoridade. Não para fugirmos do espírito do medo, mas para o enfrentarmos, para o vencermos. A igreja não pode ficar acuada, assustada com as doenças, vírus, calamidades que têm ocorrido, mas é tempo de orar. A igreja precisa ser intercessora. É tempo da igreja ser uma igreja que intercede. Por isso na hora que o medo vem, precisamos mandá-lo embora da nossa casa, da nossa vida.

Prudência sim, medo não!

Se o medo estiver preparando um caminho, precisamos nos posicionar, sem perder a prudência.

Jesus disse:

"Orai e vigiai."

Todavia não podemos deixar que notícias ruins criem um buraco em nós, nos atravessando e fragilizando. Porque se isso acontecer e colocarmos na nossa mente as notícias negativas, se permitirmos que isso povoe a nossa cabeça, o inimigo terá poder de colocar em prática os seus planos, ou seja, roubar, matar e destruir.

"O ladrão não vem senão a roubar, a matar, e a destruir."
(João 10:10a)

Mas se nos posicionarmos dizendo que Deus está conosco e na nossa vida o inimigo não entra, o medo não entra. Deus está conosco e nossa casa está protegida. Temos que dar ordem ao espírito do medo bater em retirada de nossas vidas, casas e da nossa nação.

Lembre-se disso: É tempo de nos levantarmos contra o espírito do medo. Precisamos lutar fervorosamente contra esse mal.

Testemunhos:

"Testemunho Priscila Aparecida Bento via Facebook"

Desde que comecei a ver suas *Lives* eu e meu esposo fomos abençoados. Depois do *Encontro Sobrenatural* meu esposo tem sido muito usado por Deus, tivemos um rompimento na vida espiritual, eu tenho muitos sonhos e tenho conseguido interpretar os meus e de algumas pessoas também. Sou grata a Deus pela vida de vocês, a pastora Ariane é um amor de pessoa, sou muito grata.

"Testemunho Pastora Irineia Acre via WhatsApp"

Paz Profeta! Lembra da Laura que o senhor chamou na conferência profética, aqui em Sena? Ela não estava presente, daí o senhor chamou alguém que tivesse alguma ligação com ela. Daí foi o esposo dela, irmão Nelsom, o senhor entregou uma profecia a eles sobre sonhos e projetos deles e há 3 anos eles sonhavam em ser mais. E domingo, dia 5, pela manhã um teste de farmácia deu positivo e foi confirmado pelo de sangue.

"Testemunho souelianesilva via Instagram"

Tenho 16 anos de igreja e o que recebi na *Escola de Profetas* em Belo Horizonte foi sobrenatural, fui tocada de uma maneira a qual o meu pai foi alcançado milagrosamente, estava a mais de 500 km e Deus quebrou prisões na vida dele.

"Testemunho Shirlei Ferreira via Facebook"

Glória a Deus profeta, Deus usou o senhor para falar comigo interpretando o sonho que era para mim um alerta, direção e eu sonhei hoje depois que orei às 3 horas da manhã. Nosso Deus fala e responde.

6
Visões de ataques espirituais
O mundo espiritual é real!

Muitas pessoas sofrem ataques espirituais e veem o mundo espiritual. Precisamos ter uma visão além-mar, ou seja, além do que nossos olhos estão enxergando. Uma visão de longo alcance, uma visão do que está por trás dos eventos. Não falo aqui da parte humana, mas do que está por trás, espiritualmente. O que está agindo nos bastidores de cada cenário.

Deus usa cenários para nos abençoar, para liberar bênçãos sobre a nossa vida. O Senhor prepara tudo antes de derramar algo sobrenatural sobre nós. É assim que Ele trabalha. No entanto, precisamos entender que o mundo espiritual das trevas age de forma similar, pois Satanás é um imitador. Isto é, o inimigo prepara um cenário natural para derramar algo. Ele precisa dessa legalidade para agir, pois a porta se abre pelo lado de dentro.

As maiores batalhas na vida não são com metralhadoras ou bombas, mas sim espirituais. Não há como ignorarmos que existe um mundo espiritual. Entenda que o mundo natural, que os nossos olhos enxergam é finito, o Globo Terrestre é finito. Além dele, existem os planetas, as Galáxias, as estrelas, mas é finito. O homem diz que não consegue chegar ao fim do Universo, mas o que os nossos olhos veem é finito, é limitado.

Todavia, o mundo espiritual não tem limites. Ele não tem fronteiras, é muito maior do que podemos imaginar. Assim como na Terra existem armas naturais, no mundo espiritual existem armas espirituais. E assim como no mundo natural existem homens, no mundo espiritual também existem seres. Ou seja, existe um paralelo, nesse exato momento, mesmo que você não esteja enxergando.

Em um ambiente podem existir anjos de Deus, a presença de Deus, apesar de muitas vezes os nossos olhos naturais não conseguirem ver o que está ao nosso redor. Mas eu afirmo, é possível sim, ver as coisas espirituais, pois o mundo espiritual existe. A própria Palavra nos fala:

"E disse-lhes: Eu via Satanás, como raio, cair do céu. Eis que vos dou poder para pisar serpentes e escorpiões, e toda a força do inimigo, e nada vos fará dano algum."
(Lucas 10:18,19)

O texto acima é um dos que o Senhor usa para mostrar a realidade do mundo espiritual. Jesus tinha uma visão aberta. Isto é, Ele conseguia ver as coisas espirituais numa dimensão natural. Em outras palavras, com seus olhos naturais Ele enxergava as coisas do espírito e o mundo espiritual. Quando os discípulos receberam a incumbência ir, de casa em casa, pregar o Evangelho, falar do Reino de Deus, Jesus não foi com eles, Ele os enviou e, nesse contexto, a Bíblia diz que Ele teve uma visão contemplativa do que estava acontecendo no mundo espiritual enquanto os discípulos estavam batendo de casa em casa, pregando o Evangelho, orando pelos enfermos e expulsando demônios.

Enquanto eles faziam isso milagres aconteciam, pessoas estavam sendo abençoadas, os pobres estavam sendo alcançados. O Reino de Deus estava sendo estabelecido.

"Se uma cidade vos receber, comam do que vos oferecerem. Curem os enfermos e digam: 'O reino de Deus chegou até vós!'"
(Lucas 10:8,9)

Era isso o que os discípulos podiam enxergar, que pessoas estavam sendo curadas, libertas, abençoadas, mas no mundo espiritual estava acontecendo algo além disso, ou seja, nesse momento Jesus enxergou Satanás caindo como um raio. Isso significa que Jesus viu que naquela região onde entraram e começaram a manifestar o poder do Reino, o "*dunamis*" de Deus, os demônios começaram a cair. A força espiritual que imperava naquela região começou a ser quebrada, desfeita. Ou seja, o inimigo começou a cair por terra naqueles lugares. Por isso Jesus viu o mundo espiritual sendo destronado naquela região espiritual.

É importante entendermos que há lugares onde existem tronos espirituais, onde há demônios que estão dominando. Quando o Evangelho entra, pregado com poder, os demônios que estão entronizados no mundo espiritual começam a cair por terra. É por isso que o Evangelho tem que ser pregado, orações devem ser feitas e decretos devem ser liberados sobre os ares, porque fazendo isso o mundo espiritual é aberto.

Lembre da visão contemplativa de Daniel. Quando Daniel viu o anjo, este comunicou a Daniel que havia uma batalha espiritual em que teve que pedir para Miguel lhe ajudar porque o príncipe da Pérsia havia se levantado. O príncipe da Pérsia não era humano, algo natural, mas sim uma potestade espiritual que estava sobre os ares.

"Mas o príncipe do reino da Pérsia me resistiu vinte e um dias, e eis que Miguel, um dos primeiros príncipes, veio para ajudar-me, e eu fiquei ali com os reis da Pérsia."
(Daniel 10:13)

Testemunhos:

"Testemunho rogerio_c_araujo via Instagram"

Paz do Senhor Profeta, na *Live* da manhã o senhor interpretou meu sonho e tudo que disse está acontecendo, mas quando orou a meu favor, senti uma unção sobre mim e comecei a chorar. Muito obrigado pelas palavras, desejo que Deus continue te usando e abençoando sua vida e de sua família.

"Testemunho Jeovana Aparecida Abreu via Facebook"

Profeta Vinicius Iracet quero dar meu testemunho, quando fui para São Paulo participar da Escola de profetas eu estava doente, sofrendo de ansiedade, tinha que tomar remédio para dormir, não conseguia dormir sem a medicação. Mas assim que voltei da escola de profeta, fui curada, graças a Deus não preciso tomar remédio, durmo bem, estou me sentindo bem melhor e a minha vida se transformou para Glória de Deus. Obrigada por nos dar essa oportunidade de participar da escola de profetas. Que Deus continue abençoando você e toda sua equipe.

"Testemunho danielerocha3551 via Instagram"

Uma vez o senhor orou por quem estava com um incômodo nas partes íntimas e eu estava com muita dor, nada sarava, chorava muito. O senhor disse que era obra de feitiçaria e eu tive fé quando o senhor orou na mesma hora sarou a minha ferida e Deus me curou. Te agradeço muito mesmo, muito obrigado pastor e eu estou no propósito com o senhor pela minha família. Amém, que Deus te abençoe grandemente.

7
Visões de Deus e três tipos de arrebatamento

Arrebatamentos fazem parte das visões. Quero falar de três tipos de arrebatamento. Arrebatamento físico, arrebatamento do espírito e o arrebatamento que não acontece nem na carne, nem no espírito, é um arrebatamento em sonho.

Em primeiro lugar precisamos entender o que significa a palavra arrebatamento. Por isso, vamos começar com um conceito. Arrebatamento é uma palavra que vem do grego *"harpazo"*, que significa capturar, agarrar e apanhar. Conforme Strong, descreve também a ação do Espírito Santo transferindo Paulo de um lugar para o outro. Ou seja, *"harpazo"* significa capturar, tirar com violência de um lugar para o outro.

1 - Arrebatamento da Igreja

Esse arrebatamento acontecerá fisicamente quando Jesus Cristo aparecer nos ares. Nós, automaticamente, seremos arrebatados, ou seja, tomados aqui desta Terra para nos encontrarmos nos céus com o nosso Deus. É também utilizada a palavra rapto para esse arrebatamento físico.

"Dizemos a vocês, pela palavra do Senhor, que nós, os que estivermos vivos, os que ficarmos até a vinda do Senhor,

certamente não precederemos os que dormem.
Pois, dada a ordem, com a voz do arcanjo e o ressoar da trombeta de Deus, o próprio Senhor descerá do céu, e os mortos em Cristo ressuscitarão primeiro.
Depois disso, os que estivermos vivos seremos arrebatados juntamente com eles nas nuvens, para o encontro com o Senhor nos ares. E assim estaremos com o Senhor para sempre."
(1 Tessalonicenses 4:15-17)

2 – Arrebatamento do espírito

O Apóstolo Paulo conta que ele teve uma visão e um arrebatamento, o que não ocorria frequentemente. O apóstolo Paulo era muito contido em suas revelações.

"Em verdade que não convém gloriar-me; mas passarei às visões e revelações do Senhor.
Conheço um homem em Cristo que há catorze anos (se no corpo, não sei, se fora do corpo, não sei; Deus o sabe) foi arrebatado ao terceiro céu."
(2 Coríntios 12:1,2)

Existem muitas pessoas que tem muitos dons e revelações, mas não se submetem à autoridade pastoral, como estava acontecendo nesse contexto em que o Apóstolo Paulo relatou uma visão tida catorze anos atrás. Para que a igreja de Corínto entendesse que ele também era um homem espiritual e que eles precisavam dar ouvidos a palavra e as direções dele, ele teve que falar dessa revelação que teve.

Geralmente quem tem dons e revelações de Deus possui certa dificuldade de se submeter a um ministério. Foi em uma situação assim, de insubmissão, que Paulo teve que tomar uma atitude como líder e chamar a atenção para que a igreja não desse ouvidos a coisas erradas e até mesmo doutrinas que pudessem tirar as pessoas do foco, da palavra de Deus.

Isso serve de alerta a todos que possuem dons de Deus: por mais que seja usado por Ele, você precisa ser submisso a um ministério, isso é extremamente importante. É primordial ser leal a seu líder, não passando por cima da sua autoridade.

Primeiro, segundo e terceiro Céu

O versículo 2 Co 12:2 relata que *"foi arrebatado ao terceiro céu."* É importante compreendermos o que significa a expressão *"terceiro céu"*.

Para começar, o primeiro céu é o céu que o homem vê, o céu atmosférico. Quando enxergamos o céu azul ou nublado e até onde nossos olhos alcançam. O segundo céu, por sua vez, é representado pelos planetas, pelas galáxias, pelo que entendemos por Universo. Muitos afirmam que os espíritos malignos operam nessa dimensão, nessa região espiritual, intitulada segundo céu. Eu, particularmente não creio assim.

Creio que o mundo espiritual e natural estão muito conectados. E que os demônios operam nas regiões celestiais do primeiro céu. Entretanto, essa discussão não é o nosso foco nesse momento, o que nos interessa é falar sobre o terceiro céu, o jardim de Deus. É o céu, é o paraíso, é o lugar onde está o Trono de Deus. Esse é o terceiro céu.

A Bíblia diz que o apóstolo Paulo foi levado ao terceiro céu. Mas ele reflete:

"E sei que o tal homem (se no corpo, se fora do corpo, não sei; Deus o sabe)
Foi arrebatado ao paraíso;"
(2 Coríntios 12:3,4a)

Isso demonstra que o apóstolo Paulo não sabia exatamente se o Senhor transportara o seu corpo daqui para o céu ou se fora em espírito. Pois o versículo acima diz *no corpo ou fora do corpo.* Alguns religiosos e teólogos, dos quais respeitamos a opinião, dizem que é impossível o espírito se desligar do corpo. Que se isso acontecer, se o espírito sair do corpo, a pessoa morre. Esses estudiosos defendem que o que sai do corpo é a mente, mas que corpo e espírito estão conectados. Para justificar esse posicionamento usam o seguinte texto:

"Quando o espírito deles se vai, voltam ao pó; naquele mesmo dia acabam-se os seus planos."
(Salmos 146:4)

Esse versículo está falando da morte, quando o espírito se esvai e volta ao pó. Não está se referindo ao arrebatamento no espírito, de propriamente uma ação de Deus. Felipe foi arrebatado, foi deslocado fisicamente de um lugar para o outro. O apóstolo Paulo não demonstra saber exatamente o que aconteceu. Ele diz: *"Eu não sei se eu estava no corpo ou fora do corpo."*

Acredito que é possível, sim, ter um arrebatamento fora do corpo. Não através de projeção astral, já que essa é uma forma errada e perigosíssima de sair do corpo, mas por uma ação divina.

"Eu, João, que também sou vosso irmão, e companheiro na aflição, e no reino, e paciência de Jesus Cristo, estava na ilha chamada Patmos, por causa da palavra de Deus, e pelo testemunho de Jesus Cristo.
Eu fui arrebatado no Espírito no dia do Senhor, e ouvi detrás de mim uma grande voz, como de trombeta,
Que dizia: Eu sou o Alfa e o Ômega, o primeiro e o derradeiro; e o que vês, escreve-o num livro, e envia-o às sete igrejas que estão na Ásia: a Éfeso, e a Esmirna, e a Pérgamo, e a Tiatira, e a Sardes, e a Filadélfia, e a Laodicéia."
(Apocalipse 1:9-11)

Nesse texto podemos verificar que João foi arrebatado em espírito. O corpo dele ficou. (Não foi como aconteceu com o Evangelista Felipe.) A Bíblia diz que o espírito de João saiu do corpo e esse espírito se encontrou com Deus, com Jesus Cristo e ali lhe foi dada a revelação contida no livro de Apocalipse. Se isso ocorreu com João, então Paulo poderia ter sido arrebatado no corpo, mas também poderia ter sido arrebatado no espírito. No arrebatamento no espírito a pessoa vai para outro nível, outra atmosfera, possivelmente, o céu.

A Bíblia deixa claras as coisas espirituais, o que ocorre é que muitas vezes a igreja tem receio de tocar em determinados assuntos, porque ela não sabe separar o que é espiritual do que não é espiritual. Isso ocorre, muitas vezes, devido ao fato de não terem muitas experiências com Deus. As experiências espirituais são únicas, mas precisam ser consonantes com a Palavra. Essas experiências são importantes por nos ajudarem na nossa caminhada com Deus.

"Sabemos que, se for destruída a temporária habitação terrena em que vivemos, temos da parte de Deus um edifício, uma casa eterna no céu, não construída por mãos humanas."
(2 Coríntios 5:1)

O apóstolo Paulo teve a revelação das casas que há no céu, das mansões não feitas por mãos humanas. Paulo não falou o que ele viu lá, falou somente que foram *palavras inefáveis que não era lícito ao homem falar.* Por quê? Porque Deus falou coisas com ele que o mesmo não recebeu autorização do Espírito para repassar.

Por exemplo, eu não tenho hoje a autorização do Espírito para transmitir ao vivo a *Escola de Profetas.* O Espírito Santo não me permite transmitir todo o evento. Ele me disse para não fazer isso, portanto eu obedeço. Por esse motivo o apóstolo Paulo guardou essa revelação por tanto tempo, catorze anos, porque não recebeu autorização para falar dessa experiência transcendental com o Senhor. Mas lhe pergunto: Como Paulo sabia de tais habitações, mencionadas em 2 Coríntios 5? Veja que Paulo sabia como era o Céu, do que tinha no Céu.

Eu tenho certeza que, como apóstolo de Cristo, Paulo precisava ter experiência de arrebatamento. Ele passou por muitas coisas, foi apedrejado, passou por naufrágio, foi traído. Enfim, ele passou por diversas situações em que, se não tivesse uma convicção bem firme no Salvador, possivelmente não subsistiria. Mas o Senhor foi bom com ele e lhe deu revelações do Céu, levou-o ao terceiro céu e isso o ajudou.

Experiências entre vida e morte

As visões, os arrebatamentos e toda a experiência que você já teve com Deus são experiências reais, verdadeiras, que vão lhe ajudar em momentos críticos da sua fé. Já ouvi vários relatos de pessoas que estavam para morrer e que tiveram experiências no momento entre morte e vida. Saíram do seu corpo e viram o seu próprio corpo, os médicos, tudo ao redor dela. A minha sogra foi uma dessas pessoas. Ela, em uma gravidez, se viu fora do corpo, possivelmente estava partindo naquela hora, mas retornou ao seu corpo.

Muitas pessoas tiveram experiências entre vida e morte. Eu quero dizer para você que essas experiências são reais. Entretanto, as viagens astrais e projeções astrais, que pessoas fazem, tem uma fonte maligna, é algo forçado e não uma interrupção do espírito. Nos casos de Paulo, Filipe e João foram coisas do espírito, não houve um esforço do homem para sair do corpo, mas sim uma intervenção sobrenatural, algo do espírito. Deus é soberano, Ele age sem influência e pode fazer essas coisas, porque Ele é Deus. Ele faz além do que pensamos ou imaginamos, Ele é Deus. Se Ele quiser mandar um homem do Brasil para o Japão, para a Europa. Ele faz.

"Àquele que é capaz de fazer infinitamente mais do que tudo o que pedimos ou pensamos, de acordo com o seu poder que atua em nós,"
(Efésios 3:20)

O perigo das viagens e projeções astrais

Deus pode fazer muito mais do que imaginamos ou possamos conceber. Não podemos limitar o poder de Deus. Todavia o homem, para viajar fora do corpo usa determinadas técnicas e faz determinados pactos e meditações. Mas essas coisas não estão na direção do espírito e, sobretudo, estão fora da fonte do espírito. Além de serem contra Deus, por não estarem sob a influência do Espírito Santo, quem pratica isso está suscetível a atuações malignas e até mesmo a morte.

Ou seja, são viagens fora do corpo que são perigosíssimas. Tanto que sair fora do corpo é algo condenado nas Escrituras. Tudo que é forçado, fora do

Espírito Santo, é ilegal, um espírito fora do corpo é ilegal a não ser por uma palavra do nosso Deus.

Quando Jesus chegou em Gadara mandou os espíritos embora do Gadareno e eles não queriam ir porque precisavam de um corpo. Então eles negociaram e pediram ao Senhor permissão para entrarem nos porcos e Jesus permitiu.

"E rogavam-lhe que os não mandasse para o abismo. E andava ali pastando no monte uma vara de muitos porcos; e rogaram-lhe que lhes concedesse entrar neles; e concedeu-lho. E, tendo saído os demônios do homem, entraram nos porcos, e a manada precipitou-se de um despenhadeiro no lago, e afogou-se."
(Lucas 8:31-33)

Diante disso você pode perguntar como existem os arrebatamentos em que o espírito sai do corpo. Esse é o detalhe: diante de uma ordem de Jesus é diferente, pois tanto João quanto Paulo tiveram contato com Jesus, ambos receberam palavras do Senhor. Dito de outra forma, tanto Paulo quanto João tiveram arrebatamento ao terceiro céu e revelações em que Jesus esteve presente. Assim, para haver um arrebatamento no espírito tem que haver uma convocação do espírito, por Jesus. Porque Ele é o verbo, verbo imperativo, que dá ordens.

"No princípio era o Verbo, e o Verbo estava com Deus, e o Verbo era Deus. Ele estava no princípio com Deus. Todas as

coisas foram feitas por ele, e sem ele nada do que foi feito se fez."
(João 1:1-3)

Foi isso também que possibilitou que Jesus andasse sobre as águas. Ele andou em corpo, mas também em espírito.

"E o barco estava já no meio do mar, açoitado pelas ondas;
porque o vento era contrário;
Mas, à quarta vigília da noite, dirigiu-se Jesus para eles,
andando por cima do mar.
E os discípulos, vendo-o andando sobre o mar, assustaram-se,
dizendo: É um fantasma. E gritaram com medo.
Jesus, porém, lhes falou logo, dizendo: Tende bom ânimo, sou eu,
não temais."
(Mateus 14:24-27)

3 - Arrebatamento em Sonhos

Talvez você tenha dúvidas sobre a existência desse tipo de arrebatamento. Mas eu quero lhe lembrar que o arrebatamento é você ser tirado de uma condição e ser colocado em outra condição. Tanto no arrebatamento físico quanto no arrebatamento do espírito e no arrebatamento nos sonhos ocorre isso. Trago a sua memória a visão que Jacó teve enquanto dormia. Naquele momento não foi só uma visão em sonho, mas um tipo de arrebatamento.

"E chegou a um lugar onde passou a noite, porque já o sol era posto; e tomou uma das pedras daquele lugar, e a pôs por seu travesseiro, e deitou-se naquele lugar.
E sonhou: e eis uma escada posta na terra, cujo topo tocava nos céus; e eis que os anjos de Deus subiam e desciam por ela;"
(Gênesis 28:11-12)

"Acordando, pois, Jacó do seu sono, disse: Na verdade o Senhor está neste lugar; e eu não o sabia.
E temeu, e disse: Quão terrível é este lugar! Este não é outro lugar senão a casa de Deus; e esta é a porta dos céus.
Então levantou-se Jacó pela manhã de madrugada, e tomou a pedra que tinha posto por seu travesseiro, e a pôs por coluna, e derramou azeite em cima dela.
E chamou o nome daquele lugar Betel."
(Gênesis 28:16-19a)

Jacó ficou muito impactado com esse sonho, pois foi um tipo de arrebatamento em sonho, isto é, mesmo que ele quisesse acordar não conseguiria porque ele estava em outra dimensão dentro do sonho. Isso é muito forte, pois Deus se comunicou com ele.

Sonho profético e arrebatamento em sonho

Mas qual a diferença entre um sonho profético impactante e um arrebatamento dentro do sonho? O arrebatamento em sonho é mais profundo, levando-nos a uma dimensão mais próxima daquilo com o que você está tendo contato. Por isso Jacó conseguiu descrever detalhadamente o que aconteceu com ele naquela visão, daquele sonho. Alguns dizem que é uma visão dentro do sonho, o que eu não descarto. Porém existe um arrebatamento aí nesse meio.

Vi um testemunho do Dr. Reggie Anderson no programa americano *Supernatural Sid Roth*. Esse médico, ainda durante a faculdade, teve uma experiência fortíssima com Deus. Ele apaixonou-se por uma menina cristã, sendo ateu. Tornou-se ateu devido à perda de amigos, de uma família que ele amava muito. Todos morreram. A partir desse episódio traumático em sua vida ele passou a não crer em Deus, mesmo seus pais sendo cristãos.

Essa menina pela qual ele se apaixonou o rejeitou, dizendo que não queria relacionar-se com ele por ele não ser cristão como ela. Ele ficou muito chateado e pegou alguns livros cristãos e foi acampar, com intuído de ser convencido de algo com essas leituras. Na verdade ele começou a notar que no corpo humano tudo é uma obra de arte e ele argumentava que não há como o ser humano ser um erro da evolução, fruto dela ou até mesmo um acaso. Nesse acampamento, ele começou a ler um livro de C.S. Lewis, mas adormeceu. Ao adormecer, ele foi arrebatado. Teve um sonho tão nítido quanto o sonho de Jacó. Por isso afirmo que há diferenças nos sonhos.

Anderson se viu no céu com Jesus e o Senhor falou a ele no sonho que aquela família que havia morrido estava com Ele e que ele deveria, a partir daquele momento, acreditar Nele. Além disso, o Senhor profetizou para ele nesse arrebatamento. Jesus disse que ele casaria com a menina pela qual estava apaixonado, se Anderson cresse em Cristo. O Senhor profetizou ainda que ele teria quatro filhos com ela e que seria um médico na área rural. Anderson creu naquela palavra e já acordou transformado, completamente rendido a Jesus.

Tudo o que foi profetizado naquele momento aconteceu na sua vida. Hoje ele testemunha do poder de Deus e o que acontece com um homem quando este tem uma experiência sobrenatural de vida/morte, pois isso o marcou profundamente.

Como ele era um médico, quando começou a fazer residência, Deus lhe deu a seguinte experiência: Ele estava cuidando de uma senhora com demência que pediu que ele passasse uma noite com ela, pois eram muito amigos e ela era sua paciente. Chegando a noite, para ver como ela estava, Anderson sentou ao seu lado e na hora que ela estava para morrer, por causa de um problema de coração, ele viu algo acontecendo no semblante dessa senhora, como se seu semblante mudasse, como se virasse para o lado.

Esse médico afirma que o que ocorre no óbito de um ímpio é muito diferente do que o que ocorre com um cristão. Deus lhe deu uma graça de ver coisas quando as pessoas partem dessa vida.

Sonho profético com revelação chocante

Um tempo atrás tive um sonho que me impactou de tal forma que me deixou até mais sensível para ouvir o que Deus estava tentando falar comigo.

"O Espírito do SENHOR *Deus está sobre mim, porque o* SENHOR *me ungiu para pregar boas-novas aos quebrantados, enviou-me a curar os quebrantados de coração, a proclamar libertação aos cativos e a pôr em liberdade os algemados."*
(Isaías 61:1)

Nesse sonho Deus me trouxe uma revelação. Eu estava em um lugar como se fosse um grande castelo. Uma fortaleza de tamanho imensurável. À medida que eu entrava naquele lugar entendia que estava dentro de uma prisão de três andares. Cada andar representava um nível. No primeiro nível eu vi muitas e muitas cadeias. O ambiente estava carregado de um peso maligno, uma opressão espiritual terrível. Não consigo sequer achar palavras para lhe explicar o que eu senti caminhando por aqueles corredores. Era um peso, uma opressão extrema.

No primeiro andar havia muitas crianças. Elas estavam todas presas, em cadeias, em uma situação deplorável, mas um pouco mais limpas do que as que vi em seguida. Eu as olhava e elas vinham para perto das grades e pediam ajuda, me dizendo que queriam sair de lá. No segundo andar eu vi outras crianças atrás das grades, e ali tinha muito mais delas e elas estavam machucadas no rosto, no corpo e estavam sujas. Elas também me pediam ajuda e eu lhes dizia que iria tentar tirá-las de lá. E eu via aquele sofrimento e chorava por ver tanta angústia.

Eu caminhava pelos corredores como se estivesse fazendo uma investigação, explorava aqueles lugares. Interessante que as crianças estavam me vendo, mas para os guardas eu estava invisível. O mais pesado foi quando subi ao terceiro nível, pois lá as crianças estavam totalmente desfiguradas. Eram crianças deformadas de todas as formas que você pode imaginar. Todas elas me pediam ajuda e lançavam para mim um olhar de esperança. Mas estas estavam tão presas que eu não sabia o que podia fazer por elas.

Então eu tomei a iniciativa de abrir as portas da prisão. Comecei pelo terceiro andar e fui descendo, abrindo, uma a uma, todas as cadeias para que as crianças saíssem. Via ao longe uma luz, um clarão, entretanto aquela luz era algo maligno, como se fossem os demônios que guardavam aquela prisão, vindo em minha direção, tentando impedir a libertação daquelas crianças Embora eu não os visse, sabia que aqueles guardas eram demônios.

Imediatamente comecei a abrir aquelas celas para que as crianças pudessem fugir dali. Eu dizia: *Saiam daqui o mais rápido que puderem!* Elas foram saindo aos bandos daqueles lugares de cadeia, até que sobrou apenas um menino, com a cabeça raspada, magro, raquítico. Ele permanecia sentado no chão. Eu falava para ele: *Menino, você tem que sair, vá com os outros. Eles já estão vindo (os demônios), você precisa sair dessa prisão.* Nisso, o menino olhou para mim e disse: *Eu não posso sair daqui.* Aí eu perguntei: *Por quê?* Ao que ele respondeu que não podia sair porque era peruano. Ele insistia dizendo que aquele era o seu lugar.

Quando aquele clarão começou a se aproximar mais eu comecei a chamar por Jesus! Minha esposa disse que eu estava gemendo na cama e ela ouvia eu clamar: *Jesus!* Eu pedia com intensidade a ajuda de Jesus, a sua misericórdia, pois a opressão naquele lugar me massacrava. Então acordei.

A revelação que Deus me deu desse sonho foi que os três andares do castelo representam três níveis espirituais onde as pessoas estão presas nesse mundo. Esses níveis em parte são dominados pelo espírito religioso e em parte pela incredulidade. E que Deus está nos confiando uma tarefa muito grande, de libertar pessoas que estão oprimidas. Isso representa também algo que Deus está liberando sobre nosso ministério, para soltar pessoas que estão em cativeiros espirituais.

Chamou-me muito a atenção o que Deus revelou sobre essas crianças, me falou claramente que elas representam ministérios. Ministérios que estão presos, muitas vezes com entendimentos errados. Presos em cadeias espirituais. Esses três andares simbolizam níveis espirituais. Deus nos diz: *Estou liberando algo dos céus para romperem os grilhões nas regiões espirituais.* Há lugares onde essas prisões são muito grandes e o Senhor está liberando isso sobre a nossa vida, sobre o ministério.

Em relação ao ministério profético vejo que Deus está quebrando cadeias, tirando das prisões. Mas há pessoas como aquele menino peruano que dizem: *Eu não quero sair daqui. Eu tenho que ficar aqui. É aqui que eu tenho que morrer.* Mas o destino daquela criança era a sua libertação. Era esse o destino que Deus tinha para ele, que saísse da condição espiritual em que estava. Todavia ele achava que não podia.

Um detalhe importante, a cultura às vezes está muito arraigada em nós e nos impede de sermos livres. A cultura de um lugar tem impedido pessoas de chegarem ao que Deus tem para elas. Aquele menino ficava repetindo que ele não podia sair dali porque era peruano. Que ali era o seu lugar. Mas Deus está abrindo um tempo novo, está rompendo grilhões na vida de pessoas para que elas entrem no propósito de Deus.

Essa fortaleza estava cercada de uma opressão espiritual muito grande. É essa opressão que tem mantido muitas pessoas em cativeiro. Trazendo desânimo a elas e lhe imprimindo uma condição de escravidão. Escravos no entendimento. Pessoas que estão há muito tempo presas. Tanto tempo que o inimigo conseguiu deformá-las e aos seus ministérios. Pessoas que tinham um grande chamado diante de Deus, mas que por ficarem tanto tempo cativas, acabaram deformando o plano original de Deus para elas.

Temos encontrado muitos ministérios assim, deformados na originalidade, pessoas que foram chamadas para serem apóstolos e hoje estão totalmente fora da rota de Deus. Profetas que acabaram enterrando o dom e se tornaram pastores. Pessoas que deixaram de avançar por estarem travadas, cativas espiritualmente.

A intercessão profética

Outra coisa importante desse sonho é que eu fazia uma intercessão muito profunda, a um nível alto, em que eu clamava a Jesus e por sua misericórdia. Pedia para que Ele ajudasse aquelas crianças. Nós estamos vivendo tempos em que a intercessão profética vai mudar o rumo das vidas das pessoas. Esse é o tempo em que a Igreja precisa voltar a orar, interceder, para que sonhos, ministérios trancados, comecem a sair das prisões e vão para o lugar que Deus tem para eles, para que os projetos de Deus cumpram.

Arrebatado em sonho

Eu me vi arrebatado naquele sonho. Quando um sonho se torna vívido dentro de você, não se trata apenas de um sonho, mas de um arrebatamento dentro do sonho, porque nos vemos dentro de tal sonho, nos lembramos dos detalhes e acordamos impactados. Eu me senti impactado com aquele sonho, sentia o cheiro da prisão e as cores dela não saiam das minhas vistas. Fosse com os olhos abertos ou fechados, eu via aquela prisão.

Por isso, acredito que Deus dá sonhos, sonhos proféticos, mas também arrebatamentos dentro dos sonhos, em que, exatamente, quando o sonho termina acordamos. Esse tipo de sonho é muito profundo, tanto que podemos ser transportados no espírito enquanto dormimos.

Testemunhos:

"Testemunho Vera Lúcia via Facebook"

Paz do Senhor Jesus Profeta. Participei da Escola de Profetas no Rio de Janeiro. E já estou vendo o agir de Deus. Muitas coisas sendo destravadas, área da saúde e espiritual. Eu e minha amiga Nilza Pires fomos grandemente abençoadas. Em breve traremos outros testemunhos. Deus é fiel em todas as suas promessas. Amém.

"Testemunho ione.muniz via Instagram"

Olá, profeta. A paz! Quero dar meu testemunho. Tinha muita vontade de assistir uma Live e hoje à noite quando o senhor falou que alguém foi curada do joelho, essa pessoa era eu. Já agradeci a Jesus por essa graça.

"Testemunho Valdinete Barbosa via YouTube

Oi pastor. Bom dia, amém pastor glória a Deus. Sou a mãe da Laura e é realmente o que está acontecendo, gratidão meu pai. Obrigada meu Deus. Que Deus abençoe pastor. Sempre, sempre. Eu recebo, eu tomo posse dessa libertação.

8
Visão no Dom da Palavra de Conhecimento

Vou lhe contar algo que possivelmente você ainda não leu em livro algum. Isto porque o descortinar do profético é muito raro. As publicações nessa área são muito escassas. São poucos os materiais, obras e autores que falam sobre o profético, os mistérios, os dons, as revelações. Tenho certeza que você se surpreenderá com o que o Espírito Santo vai liberar para você a partir de agora.

Começo relatando algumas visões que tive, que Deus estava mostrando em relação à vida de uma pessoa no exato momento em que ela passava por aquilo. Uma certa feita, estava fazendo um programa de rádio e Deus me deu a revelação que naquele mesmo instante havia alguém que comprara uma corda e eu vi essa corda. Ao ver aquela corda Deus me mostrou que aquela pessoa estava chorando. Tive a visão dela chorando na sala em que ela estava. No momento em que vi todo aquele turbilhão de imagens vindo a minha frente, o Espírito Santo me impeliu a falar durante o programa da rádio: *Você que está para tirar a sua vida, que está chorando nesse momento, o Senhor manda dizer a você que esta com uma corda que comprou para se enforcar: Não tire a sua vida. Jesus te ama e tem um grande propósito em sua vida.*

Quando eu havia terminado aquele programa, já me preparando para ir embora, o telefone tocou. Era uma mulher chorando no outro lado, que me disse: *Eu estava prestes a tirar a minha vida, tudo que você disse, corda, o jeito que estava a minha casa, como eu estava chorando, era exatamente o que estava acontecendo na minha vida, eu já havia preparado tudo e não havia falado para ninguém.* Ou seja, Deus, com aquela visão, me usou para guardar a vida dela, porque ela estava com tudo preparado para acabar com sua vida.

Na época ela estava enfrentando problemas na vida sentimental. Relatou que tudo estava dando errado na sua vida, que ninguém gostava dela. Tudo isso o Senhor me revelou durante aquele programa de rádio. Então declarei palavras de ânimo, de consolo de Deus para a vida dela. A partir daquele momento sua vida tomou outro rumo, ela entendeu que Deus a amava, pois ela havia pedido a Deus naquela manhã que Ele falasse com ela e essa visão foi a sua resposta. Essa foi uma das muitas experiências em que Deus me mostrou cenários inteiros através de visões.

Conexão entre visão e Palavra de conhecimento

As visões e a Palavra de Conhecimento estão conectadas. E, de acordo com o nível de intimidade com o dom da Palavra de Conhecimento você poderá ver mais coisas por revelação. Isso possibilita que ao ler um comentário, por exemplo, muitas vezes, Deus nos dê visões durante essa leitura.

Palavra de conhecimento e profecia

O dom da Palavra de Conhecimento é a revelação sobrenatural do Espírito de fatos do passado de uma pessoa, do que ela está vivendo agora e um futuro próximo. É importante salientar que em relação ao futuro é apenas uma pequena distância, porque tudo o que for à longa distância é profecia e não dom da palavra de conhecimento. A diferença entre o dom da palavra de conhecimento para o dom da profecia é justamente essa.

A palavra do conhecimento é uma revelação do passado, independente da época, vinte, trinta anos atrás ou até mesmo de quando a pessoa nasceu, dependendo do que o Espírito Santo permitir que vejamos ou entendamos da vida de determinada pessoa. Pode ser a respeito do que a pessoa está vivendo no momento, no presente, ou ainda uma revelação à curta distância do que pode acontecer em alguns dias ou semanas. Em contrapartida, quando se trata de meses ou anos à frente já não estamos falando desse dom, mas do dom da profecia. A profecia é uma revelação, é uma previsão à longa distância.

Palavras de conhecimento através de visões na Bíblia

Quero lhe mostrar biblicamente como é possível ter revelações, palavras de conhecimento através de visões. Na primeira passagem o protagonista é Jesus:

"Filipe encontrou a Natanael e disse-lhe: "Encontramos Aquele sobre quem Moisés escreveu na Lei, e a respeito de quem também escreveram os profetas: Jesus de Nazaré, filho de José". E Natanael disse-lhe: "Pode alguma coisa boa vir de Nazaré?" Filipe respondeu-lhe: "Vem e vê". Jesus viu Natanael se aproximando e disse a seu respeito: "Eis um verdadeiro israelita, em quem não há falsidade!" Disse-lhe Natanael: "De onde me conheces?" Respondeu-lhe Jesus: "Antes de Filipe te chamar, quando tu estavas debaixo da figueira, eu te vi". Natanael exclamou: "Mestre, Tu és o Filho de Deus! Tu és o Rei de Israel!"

(João 1:45-49)

Você já parou para se perguntar por que Natanael se converteu? A resposta é que Jesus teve uma palavra de conhecimento sobre Natanael. Jesus disse assim: *Eu lhe* ***vi*** *quando estava sobre a figueira.* Jesus o **viu** através da palavra do conhecimento. Jesus teve uma visão com Natanael e disse: *Eu vi você.* Quando uma pessoa tem o dom da palavra do conhecimento ela vê, ela não simplesmente ouve ou tem impressões dentro dela, mas vê.

Quando estou orando por uma pessoa vejo o que está acontecendo na vida dela. Muitas vezes recebo impressões espirituais. São sensações, ou, como se eu estivesse, naquele momento, a sentir o que a pessoa está passando, o que ela está vivendo. Mas quando Deus me dá visão dentro da palavra do conhecimento consigo distinguir ou entender o que aquela pessoa está passando.

A parte mais difícil é interpretar as visões que Deus dá, mas o profeta já está acostumado a isso. Ele já está inteirado com as coisas proféticas, então quando vê algo, ele já sabe o que significa aquilo. Ele pode até errar, porque mesmo os profetas verdadeiros erram na interpretação. Isso porque o que Deus falou com ele, o que viu, geralmente está certo, na maioria das vezes não há erro, não há equívoco, o grande problema está na interpretação da visão, na interpretação da revelação que Deus está dando dentro daquela palavra de conhecimento. Ou seja, a interpretação é algo bem mais sério e algo bem mais delicado.

É por isso que um profeta para realmente caminhar no profético precisa ter, além dos dons, intimidade com o Espírito Santo e ter um pouco de experiência, porque se não a tiver ele vai receber o turbilhão de revelações, mas vai ter dificuldade de dar a direção certa para pessoa daquilo que ela está vendo no profético. Assim, as visões vêm, as revelações vêm. Todavia a interpretação de algo é bem mais complexo.

É importante frisar que toda revelação está aberta para a entendermos melhor a cada dia.

Objetivos das revelações

"A cada um, porém, é dada a manifestação do Espírito, visando ao bem comum.
Pelo Espírito, a um é dada a palavra de sabedoria; a outro, a palavra de conhecimento, pelo mesmo Espírito;"
(1 Coríntios 12:7,8)

A Bíblia diz que as revelações são dadas para o que é útil. Se não fosse assim, por que Deus daria revelações sobre a vida de uma pessoa? Puramente, porque Deus quer livrá-la, abençoá-la, mostrar-se a ela.

O principal objetivo do dom da palavra do conhecimento é fazer do profeta o "bambambam" das revelações, fazer o profeta conhecido, fazer com que o homem seja enaltecido e seja colocado em um pedestal? Não meus irmãos e amigos, **o objetivo da palavra do conhecimento é só um: que a pessoa sinta o amor de Deus por ela**, que ela sinta que Deus conhece a sua vida e que a ama. Há pessoas que quando eu libero uma palavra para elas, choram, mas não pelo que foi revelado, mas porque sentem o amor de Deus por elas.

Eu estava em um elevador com a gerente de um hotel muito grande aqui do Brasil. Estava junto com outro homem, de muita influência e estávamos nós três dentro do elevador, indo para uma reunião. Dentro daquele elevador o Espírito Santo começou a me mostrar uma criança e eu comecei a ver os sofrimentos daquela mulher. Comecei a ver e ver nitidamente.

Porém, naquele momento nós estávamos conversando sobre outras coisas, ou seja, meu corpo estava ali, mas o meu coração estava nas visões que o Senhor estava me dando na palavra do conhecimento. Então eu disse para ela: *Vamos parar a conversa aqui? Se me permite falar, eu sou um profeta de Deus e estou aqui como um servo do Senhor para liberar uma palavra sobre a sua vida. Você aceita?*

Quando eu disse para ela que era um profeta de Deus o meu amigo baixou a cabeça e disse: *Fala Deus!* Aí eu disse para ela o que eu estava vendo em visão. Falei da situação que ela havia vivido no seu relacionamento, que ela criava a filha dela sozinha. Comecei a liberar o que o Espírito Santo estava me mostrando, como a falta de ajuda da sua família. Fui abrindo a sua vida como o Espírito Santo ia me conduzindo. É como se eu fosse um *drone* profético, porque quando Deus me dá as visões consigo ver não com detalhes, às vezes, mas como se eu estivesse do alto, acompanhando a vida da pessoa, a linha cronológica da vida dela.

Quando eu cheguei ao meio da palavra a mulher já estava chorando. De repente o rímel caiu e ela não se conteve dentro do elevador. E daquele dia em diante a vida dela mudou, drasticamente. Inclusive, depois daquilo, Deus abriu uma porta para ela ser gerente de um dos maiores hotéis do Rio de Janeiro. Nos dias que se passaram ela foi testificando o que Deus falou lhe falou.

Eu quero dizer a você que as revelações de Deus não são para você se tornar conhecido, são para abençoar pessoas e para que elas sintam também o amor de Deus. Infelizmente, há muitas pessoas que ainda não sentiram o amor de Deus e elas precisam sentir Esse amor.

Quando vem uma informação de revelação de Deus sobre suas vidas, elas se sentem amadas por Deus. Isso porque o dom da palavra do conhecimento, quando uma pessoa está recebendo é como se ela sentisse: *Deus me ama, me conhece, sabe quem eu sou, meu cpf, sabe tudo a meu respeito.* Ou seja, a palavra de conhecimento faz com que as pessoas entendam que Deus as conhecem.

Na minha primeira *Escola de Profetas* Deus me deu a revelação de um ambiente que tinha muitas cores amarelas e o casal que veio à frente para receber uma palavra sobre essa visão retornaram para casa, para seus negócios e quando foram em outra *Escola*, o marido, que tinha problema de bebida, a partir do momento que Deus liberou a palavra, se livrou desse vício. Uma obra começou a acontecer naquela família, os negócios melhoraram... tudo porque houve uma visão.

Níveis de visões dentro do Dom da Palavra de conhecimento

As visões fazem parte da palavra do conhecimento, é por isso que quem tem o dom da palavra do conhecimento tem muitas visões. Tem uma visão aberta das coisas, principalmente quando está em operação no dom da palavra do conhecimento. Existe algo muito interessante sobre a palavra do conhecimento e a visão. De acordo com a liberdade de um lugar para ação do profético, as visões aumentam e o nível e a profundidade das visões também aumentam.

Vou exemplificar: Se uma casa está desconfiada, com dúvidas em relação ao ministério profético (uma casa pode ser uma igreja, uma casa de família, uma empresa...), se não houver a fé no Espírito Santo, se não houver liberdade para Ele agir, as visões não serão em larga escala, serão pequenas e muito parciais. Mas se for uma casa profética, se for um lugar que dá liberdade ao Espírito Santo, onde há liberdade para ministrar, logo as revelações serão mais frequentes e o nível de profundidade delas também será maior.

Muitos profetas têm visão, mas a maioria possui somente uma visão rasa. Conheço outros que têm visão mais profunda. Os que têm visão mais profunda são profetas que já entraram em lugares de unção também mais profundos. Ou seja, dão uma liberdade maior para o profético e para as coisas do Espírito.

Tempo da visão x tempo natural

Algo tremendo aconteceu comigo em uma ministração pelo meu canal do *YouTube*. No momento que eu estava entregando uma palavra profética é como se, de repente, eu tivesse entrado num êxtase, mas só de alguns segundos. Entretanto, alguns segundos foram como se um minuto, mas assistindo o vídeo notei que passou cerca de um segundo, no máximo dois. É como se o tempo tivesse sido interrompido enquanto eu estava contemplando a visão. Daí compreendi um fato sobre a visão dentro do dom da palavra do conhecimento: que o tempo da visão é diferente do tempo natural. Por isso, o que Deus pode estar falando em uma visão pode ser em um tempo diferente do natural.

Nessas revelações, quando Deus me dá uma visão muito forte dentro da palavra do conhecimento sobre a vida de alguém ou sobre algo, entro e paro por alguns segundos ali. Isso não acontece todas as vezes, mas tem aumentado na minha vida. Enquanto estou ministrando sobre uma pessoa, muitas vezes, sinto que o tempo para. Tenho tempo para olhar as coisas na região do Espírito, que estão acontecendo no lado dentro. É como se eu entrasse em uma bolha profética e conseguisse contemplar por um tempo as coisas que Deus está me mostrando e automaticamente eu volto para liberar as palavras que Deus revela.

Eu sei que pode parecer loucura para muitos, mas são as revelações que Deus tem me confiado e que muitas vezes me deixa perplexo. Quando Deus me deu a visão da igreja em que hoje eu sou pastor Ele me mostrou aquele ginásio de futebol com balões azuis de letras amarelas, e neles estava escrito: ***Igreja Evangélica Jesus para as Nações***. O que Ele me deu foi uma visão e o dom da palavra do conhecimento já estava em operação na minha vida.

Para encerrar esse capítulo, em Efésios lemos:

"Porque somos feitura sua, criados em Cristo Jesus para as boas obras, as quais Deus preparou para que andássemos nelas."
(Efésios 2:10)

Ou seja, nós somos feitura de Deus e Ele faz tudo perfeito. Quando você entrega uma palavra profética para alguém ou quando Deus lhe dá uma visão você tem que ser cirúrgico, preciso e compreender bem o que Deus lhe fala. Isso porque as visões parecem tornar-se, ao longo do tempo, até comuns, mas não o são, são sobrenaturais. É necessário aprender a interpretá-las. Não adianta ter visões sem sabermos o que elas significam. Tem muitas pessoas que têm dom, mas não tem interpretação.

Testemunhos:

"Testemunho Helen Simões via Facebook"

Quero deixar meu testemunho: Pastor muito obrigada por ter me socorrido com uma ministração. Como eu disse, venho sofrendo ataques. Depois de sua oração me abençoando, o meu computador que estragou enquanto eu trabalhava, foi enviado ao técnico. Eu não esperava que ele ficasse pronto em menos de dois dias, tenho 19 anos de profissão como *designer* trabalhando com computadores todo esse tempo. Depois de sua oração pastor, o técnico buscou em minha casa e o devolveu 2 horas depois – EM CASA – e não quis me cobrar nada por isso. Estou muito emocionada, Deus é tremendo. O meu cachorro também amanheceu doente, ele tem um problema característico da raça de deslocar a coluna. Depois da oração, ele está correndo pelo quintal – Ele nunca sarou desse problema com menos de uma semana. Deus é maravilhoso – Pastor, receba meus agradecimentos, minhas orações e que Deus o abençoe.

"Testemunho Nilza Pires via Facebook"

A paz do Senhor Jesus. Na Escola de Profetas do Rio de Janeiro passei pelo corredor de fogo com a foto da minha filha. Ela estava desviada da presença do Senhor a oito anos. Em novembro de 2019 apareceu um nódulo no seio direito, os médicos diziam que era câncer. Foi difícil segurar a ansiedade até o dia 28 de janeiro, mas para a glória de Deus o tumor é benigno. Gratidão a todos os profetas, bendito serão os dias de vocês e da vossa geração aqui na terra.

"Testemunho Vera Lúcia via Facebook"

Profeta, foi revelado numa *Live* sua pessoas com fortes dores abdominais, e eu estava sentindo. E através de sua oração fui curada, em nome de Jesus.

"Testemunho Kenia Mendes via Facebook"

Pastora depois que fomos na *Escola de Profetas* Deus tem feito grandes maravilhas, um destravar surreal. E minha irmã que foi comigo passou na prova da OAB, as portas estão se abrindo incrivelmente.

"Testemunho adriana.gomesmiranda via Instagram"

Profeta, tenho um testemunho de destravar na minha vida profissional. Deus me abençoou com a convocação para um concurso para professor que eu havia feito há quase dois anos. Hoje saiu a publicação de minha convocação no diário oficial e amanhã me apresentarei para nomeação. Toda honra e Toda Glórias Sejam dadas a Deus! Aleluias!

9
Interpretando as visões de Deus

Será que toda visão é de Deus? Será que ainda existem visões de Deus? Qual a diferença do sonho para a visão?

O sonho geralmente ocorre quando a pessoa está dormindo. Na visão, por sua vez, a pessoa está acordada. E como interpretar as visões que a pessoa tem acordada, seja de olhos abertos ou até mesmo fechados?

Existem visões que Deus dá com olhos abertos e não se trata de uma visão raio-x, mas de uma revelação do Espírito Santo. Essa revelação do Espírito Santo pode trazer direção para uma vida, pode trazer livramento, proteção, enfim, muitas coisas podem acontecer quando Deus revela algo. Até mesmo o desfazer e o cancelar de coisas malignas.

"Então o Senhor respondeu: "Escreva claramente a visão em tabuinhas, para que se leia facilmente.
Pois a visão aguarda um tempo designado; ela fala do fim, e não falhará. Ainda que se demore, espere-a; porque ela certamente virá e não se atrasará"."
(Habacuque 2:2,3)

Para interpretar as visões temos que compreender que elas são imagens divinamente inspiradas. Imagens divinamente inspiradas são quando vemos algo que Deus mostra, seja com olhos abertos ou com olhos fechados. Recebi uma inspiração para ver o que está diante dos meus olhos, tanto com olhos abertos quanto com olhos fechados. Essa imagem divinamente inspirada diz algo e está falando algo para mim que preciso interpretar da maneira certa. Isso geralmente é difícil porque as coisas de Deus vêm puras, mas passam por um processo humano.

As pessoas julgam quando um profeta profetiza e isso é necessário realmente. O que elas não entendem, não compreendem, é que muitas vezes a palavra de Deus e a visão que Deus deu vieram puras para o profeta, mas o processamento de interpretação, o desmistificar, a tradução daquilo que Deus está mostrando necessita discernimento espiritual apurado.

Se eu estou familiarizado com o profético, familiarizado com as visões de Deus, a interpretação vem muito rápida, mas alguém que não está familiarizado com o profético, com as visões, vai ter um pensamento ou uma interpretação limitada, humana e muito superficial do que o Espírito Santo pode estar mostrando.

Já vi pessoas interpretando sonhos de maneira superficial, ou seja, viram algo, ouviram alguém interpretando e pensam: *é isso*. Mas na verdade não existe um livro sobre sonhos ou visões, porque um pequeno detalhe dentro do sonho pode mudar completamente a direção daquela revelação.

Um profeta amigo meu recebeu uma mensagem de uma irmã que sonhou com ele, com a minha esposa e comigo. O sonho foi com cavalos, nós estávamos segurando aqueles cavalos. A interpretação dele (que é um profeta de Deus, não tenho dúvida, mas a área de sonhos não é uma graça que está sobre ele) foi de uma forma bem diferente do que eu interpretei. Por quê? Porque muitas vezes o profeta vê o que Deus está mostrando, mas a dificuldade está na interpretação correta.

Código profético

Eu costumo dizer que Deus trabalha com códigos proféticos. Então, quando uma pessoa me fala de um sonho ou de uma visão procuro, tanto na visão quanto no sonho, o código profético. Se eu não encontro o código profético naquela visão, naquele sonho, eu posso automaticamente decidir ou julgar que aquela visão e aquele sonho foram de alma, do coração, e que não se trata de uma revelação de Deus.

A partir do momento que estamos inteirados com as visões e com as revelações fica muito fácil a interpretação. Por exemplo, eu estou praticamente todos os dias no *YouTube*, mas quem me assiste vê somente uma parte das minhas atividades, pois eu atendo empresários do mundo inteiro, através de vídeo-conferências e atendo também pessoas na minha igreja, dando direções a elas, tanto daqui como de outros países. Ou seja, eu estou acostumado com o profético. Esse é meu chão, é por onde eu ando e me movo. Passo grande parte da minha vida no profético. Isto é, para você buscar uma interpretação de uma visão que Deus deu precisa está inteirado nas coisas do céu.

Visões que falam do futuro

Certa vez Nabucodonosor, rei da Babilônia, teve um sonho que ninguém conseguia interpretar. Esse sonho falava de uma grande visão.

"Estando tu, ó rei, no teu leito, surgiram-te pensamentos a respeito do que há de ser depois disto. Aquele, pois, que revela mistérios te revelou o que há de ser."
(Daniel 2:29)

Ou seja, Deus revela mistérios. Dias atrás atendi um coronel que estava na minha guia profética da virada de ano. Ele disse: *Profeta, lembra o que você profetizou na virada de ano? Você falou que o governo iria enfrentar uma grande pressão como nunca vista. Isso me marcou, eu estava ontem na minha casa, com a minha família, assistindo as notícias e eu disse para minha esposa: olha o que o profeta profetizou da pressão em cima do governo. Profeta, recém me caiu a ficha do que Deus havia lhe falado.*

Deus revela mistérios, só que, um detalhe, Ele revelar mistérios não significa que revela tudo. Seria muito bom se o Senhor tivesse revelado tudo que havia de acontecer, só que ele não fez isso. A Bíblia diz:

"Porque, em parte, conhecemos, e em parte profetizamos;"
(1 Coríntios 13:9)

Ou seja, em parte um profeta conhece, em parte ele declara. Há uma parte que somente Deus sabe e que não revela a ninguém. Há, ainda, planos e mistérios que guarda e revela aos seus, tanto aos seus servos quanto a quem não é servo Dele, mas que muitas vezes tem uma autoridade sobre a nação ou sobre um lugar.

É isso que está relatado em Daniel:

"E a mim me foi revelado esse mistério, não porque haja em mim mais sabedoria que em todos os viventes, mas para que a interpretação se fizesse saber ao rei, e para que entendesses os pensamentos do teu coração."
(Daniel 2:30)

Algumas pessoas pensam que para interpretar visões é necessário inteligência e sabedoria, mas Daniel diz que foi *para que a interpretação se fizesse saber o rei e para que entendesses as cogitações da tua mente.* Daniel estava dizendo que lhe foi revelado não por ele ser sábio ou inteligente, mas porque existia um propósito de Deus dele ser um profeta e de trazer à luz a revelação desse mistério.

Vejamos a visão que o rei teve:

"Tu olhaste, ó rei, e diante de ti estava uma grande estátua: uma estátua enorme, impressionante, de aparência terrível.
A cabeça da estátua era feita de ouro puro; o peito e o braço eram de prata; o ventre e os quadris eram de bronze;

as pernas eram de ferro; e os pés eram em parte de ferro e em parte de barro.
Enquanto estavas observando, uma pedra soltou-se, sem auxílio de mãos, atingiu a estátua nos pés de ferro e de barro e os esmigalhou.
Então o ferro, o barro, o bronze, a prata e o ouro foram despedaçados, viraram pó, como o pó da debulha do trigo na eira durante o verão. O vento os levou sem deixar vestígio. Mas a pedra que atingiu a estátua tornou-se uma montanha e encheu a terra toda."
(Daniel 2:31-35)

Daniel deu a interpretação para Nabucodonosor de que cada um desses materiais, ouro, ferro, barro, prata bronze, representavam reinos e reis que iriam suceder ao rei da Babilônia. Foi uma visão de Nabucodonosor sobre o futuro da Babilônia, daquela região.

A pedra que é cortada sem auxílio de mãos humanas, alguns dizem que está relacionada a Jesus, que iria cortar completamente todo tipo de poder humano. Outros dizem que está relacionada à segunda vinda de Jesus: uma pedra que iria cortar, quebrar completamente o poder humano, ou seja, algo sem interferência humana, algo sobrenatural.

Daniel viu isso há milhares de anos em uma visão do futuro. Portanto, vemos que há visões relacionadas ao futuro, mas para interpretá-las da maneira certa, precisamos de um grande discernimento dos mistérios de Deus em relação às visões. Para interpretar um mistério precisamos orar a Deus, pegarmos a Bíblia, buscarmos uma revelação de Deus e estarmos inteirados com os Seus mistérios. A Bíblia diz que o segredo do Senhor são para aqueles que o temem, para esses o Senhor revela:

"O segredo do Senhor é com aqueles que o temem; e ele lhes mostrará a sua aliança."
(Salmos 25:14)

Se queremos interpretar o que Deus mostra em visão precisamos temê-lo. O rei tinha uma grande autoridade, era alguém de muito poder, mas humano, não divino. O poder divino estava sobre a vida do profeta Daniel. Ele sim sabia a interpretação, porque a interpretação só é dada a quem teme a Deus, esses recebem a interpretação.

Visão da Santidade de Deus

"No ano em que morreu o rei Uzias, eu vi também ao Senhor assentado sobre um alto e sublime trono; e a cauda do seu manto enchia o templo.
Serafins estavam por cima dele; cada um tinha seis asas; com duas cobriam os seus rostos, e com duas cobriam os seus pés, e com duas voavam.
E clamavam uns aos outros, dizendo: Santo, Santo, Santo é o Senhor dos Exércitos; toda a terra está cheia da sua glória.
E os umbrais das portas se moveram à voz do que clamava, e a

casa se encheu de fumaça.
Então disse eu: Ai de mim! Pois estou perdido; porque sou um homem de lábios impuros, e habito no meio de um povo de impuros lábios; os meus olhos viram o Rei, o Senhor dos Exércitos.
Porém um dos serafins voou para mim, trazendo na sua mão uma brasa viva, que tirara do altar com uma tenaz;
E com a brasa tocou a minha boca, e disse: Eis que isto tocou os teus lábios; e a tua iniquidade foi tirada, e expiado o teu pecado."
(Isaías 6:1-7)

Esse texto relata que Isaías teve uma visão da santidade de Deus. Existem visões assim, que se vê a santidade de Deus e que marcam. Isaías arrependeu-se durante a visão. Ele disse que era um homem de lábios impuros que habitava no meio de um povo de lábios impuros. Além disso, ele pode interagir na visão.

É importante compreender que há visões em que se consegue interagir dentro dela. São como se fossem êxtases. Há visões também onde acontece um arrebatamento de espírito, ou seja, o corpo continua acordado, mas você vai distante. Isaías teve essa visão, ele afirma que viu o Senhor assentado sobre um alto e sublime trono. Não disse que sonhara, que estava dormindo, simplesmente viu. Ele teve uma visão da Glória de Deus. Ele viu os anjos e ainda ouviu seu cântico. Há visões que você vê e em que você ouve.

Em muitas visões descritas na Bíblia se ouviu alguém falar, se ouviu alguém conduzindo durante a visão. Eu mesmo já tive visões nas quais fui conduzido dentro delas. E um detalhe, quando você é conduzido dentro da visão não tem muita mobilidade, ou melhor, não tem muita liberdade. É como se estivesse sendo sugado por uma força maior que está lhe conduzindo de uma forma sobrenatural dentro da visão.

Visão da Glória de Deus

Existem visões que devem ser interpretadas como uma manifestação da Glória de Deus. São visões que vem ao coletivo (podem vir ao particular também, mas geralmente vem ao coletivo). A Bíblia fala de uma visão que 74 pessoas tiveram ao mesmo tempo:

"Moisés, Arão, Nadabe, Abiú e setenta autoridades de Israel subiram
e viram o Deus de Israel, sob cujos pés havia algo semelhante a um pavimento de safira, como o céu em seu esplendor."
(Êxodo 24:9,10)

Portanto, 74 pessoas viram ao mesmo tempo a Glória de Deus ao pé do monte. Esse não é o tipo de visão de que há muito a se falar, pois é uma visão da glória de Deus. Só tem uma informação nessa visão: Deus é glorioso, Deus é poderoso. Tem visões que só contém uma informação dentro dela, que a visão da glória de Deus se manifestando, operando.

Ezequiel teve uma experiência com Deus assim.

"E ouviu-se uma voz vinda do firmamento, que estava por cima das suas cabeças; parando eles, abaixavam as suas asas.
E por cima do firmamento, que estava por cima das suas cabeças, havia algo semelhante a um trono que parecia de pedra de safira; e sobre esta espécie de trono havia uma figura semelhante a de um homem, na parte de cima, sobre ele.
E vi-a como a cor de âmbar, como a aparência do fogo pelo interior dele ao redor, desde o aspecto dos seus lombos, e daí para cima; e, desde o aspecto dos seus lombos e daí para baixo, vi como a semelhança de fogo, e um resplendor ao redor dele.
Como o aspecto do arco que aparece na nuvem no dia da chuva, assim era o aspecto do resplendor em redor. Este era o aspecto da semelhança da glória do Senhor; e, vendo isto, caí sobre o meu rosto, e ouvi a voz de quem falava."
(Ezequiel 1:25-28)

Ezequiel teve uma visão tão grandiosa de Deus, a presença de Deus era tão grande, que ele caiu prostrado. É por isso que acredito que uma pessoa pode cair debaixo do poder de Deus. Eu não estou falando de brincar com o poder de Deus, mas de visões e de uma presença tão gloriosa que a pessoa não consegue se manter em pé.

Foi o que aconteceu com Ezequiel, a presença de Deus estava tão gloriosa naquela visão que ele foi impactado e caiu como estivesse sem força. E dentro daquela visão havia também uma voz que falava com Ezequiel. Uma voz, soberana. Dentro de muitas visões existe uma voz soberana, uma voz de comando, que está guiando todas as coisas.

Quando os guardas foram prender Jesus no jardim Getsêmani eles perguntaram: *És tu aquele que viemos buscar?* Quando Jesus disse *Sou eu*, todos os guardas caíram, todos eles. Isso pelo poder da voz de Jesus. Eu acredito na unção de Deus que está sobre a vida de muitos homens, acredito que na voz do ungido a unção que é liberada.

Diferentes visões - a lente humana

"Eu continuei olhando, até que foram postos uns tronos, e um ancião de dias se assentou; a sua veste era branca como a neve, e o cabelo da sua cabeça como a pura lã; e seu trono era de chamas de fogo, e as suas rodas de fogo ardente."
(Daniel 7:9)

Você já se perguntou por que pessoas têm visões de Jesus diferentes um do outro? Um vê Jesus com cabelo comprido, outro vê com a túnica salpicada de sangue. Outro olha para os olhos de Jesus e vê um olhar como chama de fogo, outros ainda um olhar singelo, de uma humildade inexplicável, de um amor de uma caridade tremenda.

Por que uma pessoa vê de uma forma e outra vê de outra, sendo que é o mesmo Jesus? É porque essa visão passa por uma lente humana. A visão vem pura, mas a interpretação passa por um processo humano. É por isso que um vê de uma forma e outro de outra forma. A visão vem pura, mas o processo de interpretação do homem pode ser equivocado. Eu como profeta posso errar no processo de interpretação da visão, na forma como interpreto a visão. Por isso precisamos de discernimento espiritual se quisermos ser usados na interpretação de visões.

Dom de discernimento de espíritos

Quem tem o dom de discernimento de espíritos consegue discernir se uma visão veio de Deus ou não. E quem tem o dom de discernimento de espíritos consegue fazer uma análise sobrenatural do que está sendo revelado, do que está sendo mostrado. Por isso, ter o dom de discernimento de espíritos ajuda no entendimento das visões. Do que realmente pode ser uma direção de Deus para uma vida, para alguém ou para uma nação.

Existem também visões com símbolos. Na Bíblia, uma pomba, por exemplo, representa o Espírito Santo, mas representa pureza também. O fogo pode representar o poder do Espírito Santo, mas também o peso de uma palavra. Ou seja, é importante ter um bom conhecimento bíblico, estar ambientado no profético e ter o discernimento de espíritos. Isso tudo é fundamental para a interpretação de toda a visão espiritual.

Há muitas visões que a pessoa recebe instrução dentro dela. Muitas vezes ela não vai ouvir, mas vai saber o que significa. Porque há mensagens que vem através da visão em que tudo está conectado. Isto é, a visão já está conectada com a tradução. Já vem com a tradução dentro dela, como uma tradução automática de um sistema. Nós temos o Espírito Santo dentro de nós e podemos ter uma tradução automática da visão que está entrando em nós.

Uma visão não fica só do lado de fora, mas seu espírito está a contemplando também, não só seus olhos. Você se engana ao pensar que apenas seus olhos estão tendo aquela visão, pois seu espírito também está vendo, pois você é um espírito, tem uma alma e habita em um corpo. Por isso, muitas vezes a tradução que você vai ter no corpo, da visão humana, vai ter também no espírito e o seu espírito vai comunicar a sua alma porque o Espírito Santo está dentro de você também.

Busque a direção de Deus e peça para o Senhor lhe dar as revelações das visões de Deus.

Testemunhos:

"Testemunho Fran Santana Kutetski"

Eu também fui curada em uma live sua, quando o profeta orou pelas pessoas que sentiam dores nas vistas atrás dos olhos. Depois dessa oração não sinto mais as vistas cansadas, creio que fui curada em nome de Jesus.

"Testemunho Tânia Cabreira via Facebook"

Mandei a Live para uma prima do meu esposo que estava muito deprimida, ela orou juntamente com o profeta e começou a sentir muita angustia e um sono profundo, dormiu umas 3 horas. Acordou e não estava sentindo mais a angustia, estava bem.

"Testemunho Anna Lúcia Santos via Facebook"

Depois que encontrei esse canal minha vida espiritual está melhorando dia após dia. Glória a Deus pela família Iracet.

"Testemunho Elizangela Silva via Facebook"

Eu fui curada também, eu estava me sentindo angustiada e muito triste. Daí liguei o celular e era o irmão em uma Live, comecei a chorar vendo aquela pregação.

10
Êxtase ou Transe

Será que falar de êxtase ou transe faz sentido? Isso procede? Está na Palavra ou não? Como isso funciona no ministério profético?

O tema de que vamos aqui discorrer ao longo desse capítulo é um tema muito poderoso e você não vai encontrá-lo em *blogs* da internet ou *sites*. É um tema raríssimo e há muitas fontes corrompidas em que não existe originalidade. Além disso, os profetas em grande parte, que deveriam estar escrevendo e desenrolando esse assunto estão travados pelo espírito de religiosidade.

Estão travados pelo espírito de religiosidade porque se eles falarem algumas coisas da profundidade do profético serão mal interpretados pela própria igreja e podem ser podados. Isso ocorre quando a igreja vê assuntos com os quais não está acostumada e que não fazem parte do, podemos dizer, currículo ou da literatura dela. Ela simplesmente diz: *Isso não é de Deus* e acaba excluindo possibilidades, não estando aberta ao novo de Deus. Só que não tem como colocar vinho novo em odres velhos, tem que ser vinho novo em odres novos (Mt 9:17).

Ou seja, para uma revelação do espírito, para o novo de Deus deve haver uma mudança de mentalidade. Infelizmente, em muitos lugares, o espírito religioso opera de tal maneira que não permite que nada mexa na liturgia da igreja. Então os cultos tem que ser formais, como foi estabelecido, ou tem que ser cultos de uma figura só, onde uma pessoa só é usada por Deus, uma pessoa só ministra milagres e cura. Mas na verdade não é assim que funciona, pois no reino de Deus, no corpo de Cristo, há muitos membros. O ministério pastoral é muito lindo, só que não é único. Existe o ministério apostólico, o ministério de profeta e vários outros ministérios dentro do corpo de Cristo que contribuem para o crescimento da igreja do senhor Jesus.

Tenho certeza que tem muito profeta que gostaria de estar falando algumas coisas nesse tempo que nós estamos vivendo, mas não fala com receio de ser mal interpretado. Não fala com medo do espírito religioso ou das oportunidades que podem se fechar para ele. Ou seja, está faltando nos profetas de hoje uma dependência maior de Deus e um pacto menor com o espírito de religiosidade, ou melhor, nenhum pacto com o espírito de religiosidade.

O êxtase é uma peculiaridade do ministério profético, não do ministério apostólico, nem do ministério pastoral, mas do ministério profético. Já recebemos relatos de transes de muitas pessoas, em que elas tiveram momento de êxtase.

A palavra êxtase vem de um termo grego que quer dizer sair fora dele, também quer dizer arrebatar-se, desprender-se subitamente, sair de si, elevar-se.

Eu entendo que o êxtase é uma experiência única e totalmente sobrenatural. Até mesmo uma pessoa que não é do Senhor pode ter um êxtase, só que de outra fonte, não de uma fonte divina.

Existem dois tipos de fonte, a fonte de Deus, do Espírito Santo e a fonte maligna, que vem no inferno, bebida do inferno. É uma inspiração maligna. Muitas pessoas que compõem muitas coisas, ideias de alguns tipos de filmes ou alguns tipos de músicas ou livros recebem uma inspiração das trevas e não uma inspiração divina. Não todos, mas muitos.

Compreender a dimensão das coisas espirituais é muito importante para nós entrarmos no profundo dos mistérios de Deus. Não me canso de falar que todas as revelações são um oceano e o que nós conhecemos é apenas uma gota desse oceano. Os livros têm apenas uma pequena porção do que realmente existe no Reino de Deus, no profético e no sobrenatural. Por isso há muito para compreendemos e desvendarmos das coisas espirituais.

Quero levar você agora a um texto que é famoso no êxtase e no transe. Podemos usar tanto a palavra êxtase quanto a palavra transe para esse tipo de visão profética. O êxtase e o transe estão incluídos em um tipo de visão. Em algumas versões a Bíblia fala em êxtase. Pedro ouviu uma voz e isso aconteceu por três vezes.

"No dia seguinte, por volta do meio dia, enquanto eles viajavam e se aproximavam da cidade, Pedro subiu ao terraço para orar.
Tendo fome, queria comer; enquanto a refeição estava sendo preparada, caiu em êxtase.
Viu o céu aberto e algo semelhante a um grande lençol que descia à terra, preso pelas quatro pontas,
contendo toda espécie de quadrúpedes, bem como de répteis da terra e aves do céu.
Então uma voz lhe disse: "Levante-se, Pedro; mate e coma".
Mas Pedro respondeu: "De modo nenhum, Senhor! Jamais comi algo impuro ou imundo! "
A voz lhe falou segunda vez: "Não chame impuro ao que Deus purificou".
Isso aconteceu três vezes, e em seguida o lençol foi recolhido ao céu."
(Atos 10:9-16)

Diferenças entre arrebatamento e transe

Diferente do que ocorre no arrebatamento, no êxtase a pessoa fica no lugar e entra em uma dimensão espiritual. No êxtase ou transe a pessoa está mais consciente do que o arrebatamento no espírito, é diferente, parece que são similares, mas não são. A própria Bíblia dá essa diferenciação, do que é o arrebatamento de espírito e do que é o êxtase ou transe.

Deus estava falando uma coisa muito importante para Pedro no terraço. Algo em relação à pregação do evangelho aos gentios. Seguindo o relato vemos que Pedro recebeu uma instrução no final desse êxtase, de que ele deveria ir com os homens que iriam bater na porta. Foi aí que Pedro conheceu Cornélio e o Espírito Santo veio sobre todos da casa de Cornélio.

Ou seja, um êxtase ou um transe é algo que acontece numa fração de segundos, mas que a pessoa não desliga totalmente. É importante frisar que êxtases e transes são ocorrências esporádicas, não são contínuas. Diferente de uma palavra de conhecimento ou de uma visão dentro da palavra do conhecimento.

O êxtase que Pedro teve trouxe uma importante mensagem para ele e este não apenas viu, mas também ouviu. Dentro do êxtase é possível a pessoa ver, ouvir e também ser inspirada dentro daquele êxtase dentro daquele transe.

A palavra transe é algo transitório, é algo rápido. Pode acontecer numa fração de segundos, pode acontecer em poucos minutos. Há pessoas que têm transes, êxtases, por alguns segundos ou alguns minutos. É algo totalmente sobrenatural ou anormal. Depende da fonte: as coisas sobrenaturais são de Deus, as coisas normais são do homem e as coisas anormais são malignas, diabólicas, precisamos compreender isso.

"Vendo Balaão que bem parecia aos olhos do SENHOR que abençoasse a Israel, não foi esta vez como dantes ao encontro dos encantamentos, mas pôs o seu rosto para o deserto. E, levantando Balaão os olhos e vendo a Israel que habitava segundo as suas tribos, veio sobre ele o Espírito de Deus. E alçou a sua parábola e disse: Fala Balaão, filho de Beor, e fala o homem de olhos

abertos; fala aquele que ouviu os ditos de Deus, o que vê a visão do Todo-poderoso, caindo em êxtase e de olhos abertos:"
(Números 24:1-4)

Sabemos que Balaão, a mando do rei de Moabe estava a postos para amaldiçoar o povo de Israel. O rei dos moabitas havia contratado Balaão para amaldiçoar o povo de Deus e toda vez que este tentava amaldiçoar, ele proferia palavras abençoadoras, prósperas sobre o povo de Israel. Na terceira declaração acontece um êxtase, quando ele recebe uma inspiração, naquele momento, para profetizar as coisas do Altíssimo e depois ele prossegue com essa inspiração.

Após o êxtase o rei de Moabe fica irritado com ele, mas Balaão continua com essa inspiração e continua profetizando. Aqui nós vemos que dentro de um êxtase pode haver uma inspiração seja para pregar, para cantar, para salmodiar, para declarar, para avançar em um negócio, avançar em certa questão. Tudo isso é possível dentro do êxtase, porque aqui nós vemos que Balaão ficou totalmente paralisado, mas ao mesmo tempo recebeu uma mensagem divina dentro dele.

Isso foi um êxtase, foi como se Balaão tivesse sido tomado por uma palavra. O êxtase faz com que a pessoa fica tomada por uma palavra, ao contrário de quando Pedro estava no terraço. Ele não foi tomado da palavra, ele pode dialogar, mas viu e ouviu Deus falando com ele.

"Davi tinha, pois, fugido e escapou; foi ter com Samuel, em Ramá, e lhe contou detalhadamente tudo o que Saul lhe tinha feito e tentado fazer. Ele e Samuel refugiaram-se em Naiote, casa dos profetas, onde passaram a morar. Então foram dizê-lo a Saul: "Descobrimos que Davi está vivendo na casa dos profetas, em Ramá!" Então, imediatamente, Saul enviou alguns homens para capturá-lo. No entanto, quando observaram o grupo de profetas profetizando, dirigidos por Samuel, o Espírito de Deus veio sobre os mensageiros de Saul e apoderou-se de cada um deles, e eles também experimentaram a mesma visão profética. Logo Saul foi informado do que ocorrera, e apressou-se em mandar outros mensageiros, os quais, da mesma maneira, entraram em êxtase. Em seguida, Saul mandou um terceiro grupo, e também estes foram tomados por aquele transe profético."
(Samuel 19: 18-21)

Quando Saul ficou sabendo que Davi estava com Samuel na casa dos profetas, ele mandou um grupo de homens ir até lá para prendê-lo. Chegando lá aqueles homens foram tomados pelo Espírito de Deus que estava se movendo na vida dos profetas que estavam profetizando. Ou seja, quando o ministério profético está ativo existem êxtases, transes e arrebatamentos. Quando o ministério profético está liberado sobre a igreja e ele tem a liberdade de entrar em um lugar ou de ser assistido por uma igreja, o sobrenatural de Deus passa a ser normal dentro do ambiente.

Aquela guarda veio com um objetivo e quando chegou diante dos profetas eles ficaram totalmente desnorteados. Não no sentido de loucura, mas porque foram tomados por um êxtase, por um transe. A Bíblia diz então que Saul mandou um segundo grupo e esse também foi tocado de uma forma sobrenatural. Esse segundo grupo também teve um toque sobrenatural de Deus sobre suas vidas. Então Saul mandou um terceiro grupo. Todos desse grupo e dos três grupos que Saul mandou foram tomados por um êxtase e em transe profetizaram e entraram no mover sobrenatural do Senhor.

Eu acredito que quando a igreja do Senhor Jesus começar a aceitar e buscar a liberdade do ministério profético essas coisas que hoje são escassas ou até mesmo raras no meio da igreja, no meio do corpo de Cristo, mundialmente falando, vão voltar a acontecer. A carga do ministério profético, o manto do ministério profético, traz manifestações de milagres e de operações sobrenaturais para dentro da igreja de Cristo.

Pode ter certeza que Saul quando mandou prender Davi, tanto no primeiro, quanto no segundo e no terceiro grupo, não mandou três ou quatro soldados, ele mandou realmente um batalhão. Entretanto, vemos que todos os batalhões que Saul mandou todos foram inundados pela Glória e pela presença de Deus.

O texto diz que o profeta Samuel é que estava orquestrando os outros profetas. Quando existe um profeta de alto calibre, que entende do sobrenatural ele consegue ser um maestro diante de outros profetas e as direções que vem desse profeta maestro faz com que os outros profetas sejam incendiados e logo o ambiente todo é tocado pelo poder de Deus e todos que se aproximam do ministério profético começam a ter manifestações sobrenaturais de Deus.

Quando uma pessoa se aproxima do ministério profético automaticamente o poder do profético começa a se abrir na vida dela. A sensibilidade espiritual em êxtase e transe não são ocorrências contínuas ou diárias, são esporádicas, por uma ação do Espírito Santo e do ministério profético.

Se o ministério profético está ativo numa igreja as manifestações sobrenaturais também estão ativas. É por isso que precisamos da ativação que há no Espírito Santo do ministério profético dentro da igreja. A igreja precisa parar de brigar e de olhar para o seu próprio umbigo.

Grande parte dos líderes precisa ver que a igreja é um corpo e que o ministério profético é tão importante quanto o ministério pastoral ou o ministério apostólico. Entretanto, inegavelmente, estamos diante de um problema: o ministério profético muitas vezes é mau visto por parte da igreja, por causa de muito profeta menino. Profetas meninos que não tem responsabilidade com seu caráter, com a sua vida e com Deus.

Quando Davi foi escolhido por Deus Saul não quis mais Samuel perto dele. Só que Saul continua respeitando Samuel por causa do caráter de Samuel. Em muitos lugares não há respeito ao ministério profético por causa do caráter dos profetas. Por isso Deus nesse tempo está levantando profetas debaixo de um espírito de caráter, vigilância e amor: para que a igreja de Cristo veja a diferença do ministério profético.

Uma visão que se cumpriu na íntegra em minha vida

Veja como é importante pedirmos confirmação para Deus.

"Como é feliz aquele cujo auxílio é o Deus de Jacó, cuja esperança está no Senhor, no seu Deus, que fez os céus e a terra, o mar e tudo o que neles há, e que mantém a sua fidelidade para sempre." (Salmos 146:5-6)

Quando estava namorando minha esposa Ariane, 15 anos atrás, eu tive uma visão. Na época eu já queria agradar a Deus nos 100%, então eu orei a Deus e pedi para que Ele me mostrasse se ela (Ariane) era a mulher para a minha vida. Em resposta a isso tive essa visão: Vi uma casa muito bonita de um andar, com um gramado lindo. Vi a entrada da casa e vi minha então namorada segurando uma criança e outra criança estava dentro de um carrinho. Nesse carrinho havia uma menina. Na minha visão eram um menino e uma menina. Nessa visão eu estava chegando de viagem, muito bem, aparentava ser próspero. Eu lembro que chegava à rua da casa e conseguia olhar as casas ao redor. Naquela visão eu entendi que Deus me mostrava a projeto que Ele tinha para a minha vida.

Depois disso, casamos. Eu dizia para a minha esposa que teríamos um casal de filhos e que seríamos prósperos, que o Senhor nos prosperaria, mas a realidade que vivíamos na época era bem diferente disso. Eu ganhava R$ 150,00 de ajuda de custo da igreja e quem me sustentou nos primeiros meses de casamento foi minha esposa com o salário que ela ganhava como estagiária no Fórum. Então alugamos uma casinha de madeira, de fundos, quando casamos, e também não tínhamos carro.

Não casamos com dote e nem tínhamos herança. Mobiliamos a nossa casa com os presentes do casamento. A festa do casamento foi dada pelo meu sogro. Eu não tinha absolutamente nada. Fui para a casa com as roupas do corpo, uma cama de casal e um roupeiro. Assim começamos a nossa jornada e a visão que tive parecia muito distante, mas anos se passaram e tudo que Deus prometeu Ele cumpriu.

Hoje estou com o casal de filhos em fase de crescimento e já estou morando na bela casa que o Senhor me prometeu, inclusive com a vizinhança da minha visão. Quando fui olhar a casa para comprar, reconheci-a imediatamente: era a casa da minha visão de 15 anos atrás. Eu concluo que Deus é fiel para cumprir tudo aquilo que promete e mostra para nós em visões.

"Apeguemo-nos com firmeza à esperança que professamos, pois Aquele que prometeu é fiel."
(Hebreus 10:23)

Detalhe, tudo isso que relatei o Senhor mostrou antes de estamos casados e Ele já me revelara até mesmo o sexo das duas crianças. Ou seja, ***Deus fala através de visões.***

www.ingramcontent.com/pod-product-compliance
Lightning Source LLC
LaVergne TN
LVHW091556170726
843492LV00007B/2154

* 9 7 8 6 5 9 9 0 7 6 2 1 3 *